LA FRANCE AU FRONT

La liste des ouvrages parus
du même auteur se trouve p. 231.

Pascal Perrineau

La France au Front

Essai sur l'avenir du Front national

Fayard

© Librairie Arthème Fayard, 2014.

ISBN : 978-2-213-68103-0

Pour Anne M.

INTRODUCTION

La menace gronde. Les élections législatives partielles de l'année 2013 ont montré que le Front national pouvait, dans des contextes territoriaux différents, accéder au stade de « grand parti » et connaître, du premier au second tour, des dynamiques impressionnantes qui l'amèneraient presque à la victoire[1]. En octobre 2013, avec 53,9 % des suffrages, le Front national a remporté le canton de Brignoles, dans le Var, à l'issue d'un duel de second tour face à une candidate de l'UMP. Plusieurs scénarios prévoient que le FN pourrait remporter plusieurs villes moyennes et communes périurbaines lors des élections municipales de mars 2014. Dans la

---

1. Dans la deuxième circonscription de l'Oise, en mars 2013, la candidate du Front national a effacé la candidate socialiste avec 26,6 % des voix au premier tour, et a attiré à elle 48,6 % des voix au second tour contre le candidat de l'UMP. Dans la troisième circonscription du Lot-et-Garonne, en juin 2013, le candidat du Front national a capté 26 % des voix au premier tour, éliminé le représentant du PS et rassemblé 46,3 % des voix au second tour contre le candidat de· l'UMP.

9

perspective des élections européennes de mai 2014, de nombreux sondages d'intentions de vote annoncent des listes du Front national à la hauteur de celles de l'UMP et du PS. Quant à Marine Le Pen et à son parti, jamais ils n'ont eu une telle cote : depuis mars 2012, la cote de popularité du Front national est régulièrement égale ou supérieure à 20 %, ce qui ne s'était produit que de manière éphémère en 1995. L'image de Marine Le Pen est encore plus positive et sa cote d'avenir a dépassé 30 % à de nombreuses reprises depuis mai 2012, alors que son père, en vingt-huit années de mesure, n'avait franchi ce seuil qu'une seule fois, en mai 1995[1]. Enfin, l'enquête de la Sofres réalisée pour le journal *Le Monde* en janvier 2013 montre que l'influence idéologique du Front national est à son plus haut niveau : 32 % des personnes interrogées déclarent être d'accord avec les idées défendues par le parti. En trente années de mesure, il faut remonter à octobre 1991 pour retrouver des pourcentages équivalents.

Ce haut degré d'influence électorale, la bonne image du parti et de son leader ainsi que le fort impact des idées qu'ils véhiculent font du Front national une force avec laquelle la France va devoir compter dans les années qui viennent. C'est d'autant plus vrai que la gauche et la droite sont en crise : la première parce qu'elle est au pouvoir, ne convainc pas, et qu'une majorité de Français s'éloigne d'elle ; la seconde parce qu'elle sort d'une

---

1. La cote d'avenir est la cote de popularité telle qu'elle est mesurée par la Sofres pour *Le Figaro Magazine*. Pour les partis, la question est posée chaque trimestre (« bonne ou mauvaise opinion »). Pour les leaders politiques, elle est posée mensuellement (à propos d'une personnalité donnée, il s'agit de dire si l'on souhaite ou non lui « voir jouer un rôle important dans les mois et les années à venir »)

défaite, s'est adonnée sans retenue à un spectaculaire et délétère combat de chefs, et a du mal à dessiner une alternative crédible. Le Front national se nourrit de ce discrédit qui touche les deux grandes forces de gouvernement autour desquelles s'organisent depuis des décennies toutes les alternances politiques.

Depuis trente ans, le Front national prospère sur les désillusions, les rejets et les inquiétudes. Il a été au cœur de ce processus de « politisation négative » qui a marqué notre vie politique et dont les symptômes sont nombreux : abstention à dimension protestataire, vote contestataire, mouvements de remise en cause de la démocratie représentative... Aujourd'hui, il aspire à sortir de cette enclave de la dénonciation permanente, à se poser la question du pouvoir et non plus seulement celle du contre-pouvoir, à dégager des majorités d'idées, à construire des alternatives et non plus seulement des protestations. Pour cela, il a besoin d'aller au plus près des clivages qui traversent la société française, de les traduire sur la scène politique, de les organiser et de les exprimer, afin de mobiliser les électeurs et de tenter de répondre avec force aux demandes qui sourdent d'en bas.

Le moment est propice. La crise économique et sociale a mis au jour les contradictions d'une société réticente à s'adapter aux profondes transformations du capitalisme et à un système géopolitique marqué par la mondialisation et la montée en puissance des pays émergents. Comme d'autres pays en Europe, la France est marquée par le vieillissement démographique, le surendettement, la sous-compétitivité et la surévaluation de sa monnaie. La récession, la progression du chômage et le creusement des inégalités ont ravivé les fractures économiques, culturelles et territoriales qui traversaient déjà la société. Le

Front national tente de se positionner par rapport à ces fractures en se présentant comme un exutoire politique capable de répondre tout à la fois aux demandes des perdants de la globalisation économique, aux revendications de recentrage sur l'identité nationale et aux plaintes des périphéries territoriales délaissées.

La violence de la crise économique et financière a ainsi ouvert en France, comme chez nombre de ses voisins européens, un espace pour le retour des nationalismes et des populismes. Cependant, l'installation des « nationaux-populismes[1] » obéit aussi à d'autres facteurs qui relèvent davantage d'une crise identitaire, particulièrement dans de petits États qui cherchent à préserver leur niveau de vie, leur bien-être et leur culture. En Suisse, en Norvège, aux Pays-Bas, en Finlande, au Danemark, en Autriche, mais aussi en Hongrie et en Italie, des forces de type national-populiste s'imposent dans la vie politique, bouleversant les agendas et bousculant les vieilles démocraties représentatives. Le phénomène n'est pas nouveau. La France a été l'un des premiers pays européens à accoucher, dans les années 1980, d'un courant national-populiste significatif. Aujourd'hui, celui-ci connaît un emballement qui pourrait lui permettre de quitter son statut de minorité turbulente, de monter en puissance et de perturber profondément le jeu des grands partis de gouvernement.

---

1. Pierre-André Taguieff a été l'un des premiers à définir précisément la notion de « national-populisme » en faisant référence au mouvement lepéniste, qui « s'affirme comme un mouvement nationaliste, idéologiquement centré sur la défense de l'identité nationale pensée en termes à la fois historiques et ethniques, et fonctionne sur un mode populiste, en ce que son leader multiplie les appels au peuple supposé sain, lucide, vertueux, voire sage ». Pierre-André Taguieff, *L'Illusion populiste*, Paris, Berg International, 2002, p. 135.

Les années 2014 et 2015 vont être riches en rendez-vous électoraux en France : élections municipales en mars 2014, européennes en mai 2014, régionales et départementales en 2015. Ceux-ci constitueront pour le FN autant d'occasions d'infiltrer le système, avant la grande échéance présidentielle de 2017, qui, espère Marine Le Pen, rebattra les cartes entre le Parti socialiste, l'UMP et le Front national.

Le temps est venu de tenter de comprendre d'où vient le Front national, comment il est sorti de la marginalité pour s'enkyster dans la société française et apparaître aujourd'hui comme l'une des principales forces politiques du pays. Pour cela, il nous faut revenir sur quarante années d'implantation du parti, sur ce qui s'est maintenu et ce qui a changé dans sa nature, et sur les ressorts de sa dynamique retrouvée aujourd'hui. Alors, il sera possible de se pencher sur l'avenir qu'on peut lui prêter. Pendant longtemps, on a pu parler d'une « France du Front national », avec ses spécificités et ses limites géographiques, sociales, culturelles et politiques. Aujourd'hui, ces caractéristiques sont-elles en train de s'éroder, voire de disparaître ? En bref, la France va-t-elle au Front ?

Première partie

Quarante ans d'histoire politique et électorale

(1972-2014)

Pendant les trois décennies qui suivent la fin de la Seconde Guerre mondiale, aucun événement ne parvient à lever durablement l'opprobre pesant sur tout ce qui rappelle de près ou de loin l'extrême droite, avec son lot de crimes, d'exclusion, d'intolérance, de xénophobie et de racisme. Ni la décolonisation, ni l'instabilité institutionnelle et l'épuisement de la IVe République, ni mai 1968, ni la disparition du général de Gaulle n'ont pour effet de lui redonner un espace politique, comme en témoignent ses résultats électoraux (0,8 % aux législatives de 1962, 0,6 % à celles de 1967, 0,1 % à celles de 1968, 0,5 % à celles de 1973). Aussi est-ce dans un parfait anonymat que le Front national, qui rassemble des morceaux épars de l'extrême droite sous la houlette de Jean-Marie Le Pen, est créé le 5 octobre 1972. L'anonymat se prolongera durant dix ans, avant de céder la place à une éclosion, puis à une dynamique qui fait aujourd'hui de ce parti l'un des principaux éléments du paysage politique français.

L'anonymat (1972-1982)

Pendant dix ans, et en dépit de vents favorables (crise économique liée aux chocs pétroliers des années 1970, arrivée de la gauche au pouvoir en 1981), le Front national reste une force marginale, régulièrement secouée par des soubresauts liés aux querelles internes et aux scissions qui marquent souvent la vie de tels groupuscules. Son président, Jean-Marie Le Pen, ne séduit qu'un tout petit électorat lors du premier tour de l'élection présidentielle de 1974 : 190 000 voix, soit 0,7 % des suffrages exprimés. Son parti semble condamné à la marginalité et à l'oubli. En mars 1978, lors des élections législatives, ses 156 candidats rassemblent à peine 0,3 % des suffrages, et lors des élections européennes de juin 1979 le Front national ne parvient même pas à présenter une liste commune avec ses frères ennemis du Parti des forces nouvelles, né d'une scission en novembre 1973. Ces derniers présentent une « liste d'union française pour l'Eurodroite des patries » qui ne réunit que 1,3 % des voix, tandis que Jean-Marie Le Pen en est réduit à prôner l'abstention.

Au tournant des années 1980, le Front national est sur le point de disparaître. Ses adhérents ne sont que quelques centaines. En avril 1981, Jean-Marie Le Pen échoue même à réunir les 500 parrainages d'élus nécessaires pour être candidat à l'élection présidentielle ; de dépit, il appelle à voter « Jeanne d'Arc ». Aux législatives du mois de juin suivant, les 74 candidats du FN n'atteignent pas 0,2 % des suffrages exprimés. Les 86 candidats du Parti des forces nouvelles font encore moins bien (0,1 %).

L'extrême droite ne semble décidément pas pouvoir échapper à la litanie des querelles et des zizanies en vase clos qui est son lot depuis des décennies. L'impuissance et l'anonymat paraissent condamner cette force, dont les principales revendications sont d'arrière-garde – faire barrage au marxisme, abroger les accords d'Évian de

1962... Pourtant, les combats de la « nouvelle droite culturelle » commencent à faire bouger les lignes au sein des droites. À la fin des années 1970 et au début des années 1980, toute une série de mouvements (Groupement de recherche et d'études pour la civilisation européenne, Club de l'Horloge, Nouvelle Droite française...) et d'organes de presse (*Nouvelle École, Éléments, Le Figaro Magazine* pendant un temps, *Magazine Hebdo*...) réhabilitent l'importance du fait ethnique, valorisent les différences et dénoncent les limites de l'humanisme. Ils ouvrent ainsi la voie à la stigmatisation de nouveaux boucs émissaires dans une France touchée par la crise qu'ont déclenchée les chocs pétroliers de la décennie précédente.

La percée (1982-1986)

Moins d'un an après l'arrivée de la gauche au pouvoir, les élections cantonales de mars 1982 sont la première occasion de capitaliser le mécontentement et la désillusion. C'est la droite qui les remporte, et pour la première fois, ici et là, des candidats du Front national parviennent à approcher ou dépasser les 10 % des suffrages exprimés. C'est le cas à Grande-Synthe, dans le Nord (13,3 %), à Dreux-Ouest, dans l'Eure-et-Loir (12,6 %), à Pont-de-Chéruy, dans l'Isère (10,3 %), et à Dreux-Est (9,6 %). Les époux Stirbois (Jean-Pierre et Marie-France), après avoir rejoint le Front national en 1977, ont réussi leur implantation à Dreux, ville des marges franciliennes bouleversée par l'arrivée de nouvelles industries en provenance de la région parisienne et par la dynamique démographique et migratoire qui l'a accompagnée. C'est dans ce même type de zones urbaines et périurbaines, populaires et confrontées aux défis de la croissance démographique et de l'immigration, qu'ont percé les autres candidats du FN, dans la banlieue de Dunkerque ou à la périphérie orientale de Lyon. Ces victoires sur de tels territoires révèlent la capacité du Front national à prendre appui sur des problématiques sociétales et à s'ériger en exutoire politique.

Un an plus tard, le scénario se répète lors des élections municipales de mars 1983. Jean-Marie Le Pen, à la tête d'une liste du Front national dans le XXe arrondissement de Paris, récolte 11,3 % des suffrages exprimés. Les thèmes de l'immigration, de l'insécurité, du chômage, ont, une fois de plus, rencontré un écho dans des quartiers populaires à forte population étrangère. Plusieurs répliques sont enregistrées dans les mois qui suivent. On peut citer notamment les 16,7 % qu'obtient en septembre 1983 la liste emmenée par Jean-Pierre Stirbois et sa fusion victorieuse de second tour avec la droite lors de l'élection municipale partielle de Dreux. Un mois plus tard, en octobre, la liste du Front national atteint presque 10 % des suffrages lors de l'élection municipale d'Aulnay-sous-Bois, ancien bastion communiste, emblématique de la « ceinture rouge » parisienne.

Non seulement le Front national intéresse les électeurs, mais il commence aussi à intriguer les médias et à attirer l'attention de ceux qui déclarent lui vouer une profonde hostilité. Le 14 février 1984, pour la première fois, Jean-Marie Le Pen est l'invité d'une grande émission politique télévisée, « L'Heure de vérité ». Cette consécration médiatique fait suite à des mois d'intenses efforts de la part des socialistes pour donner une meilleure visibilité au Front national et ainsi gêner le retour de la droite dans les faveurs des électeurs : lettre de François Mitterrand à Jean-Marie Le Pen, le 22 juin 1982, affirmant sa conviction que la radiotélévision doit mieux prendre en compte les activités du Front national, rumeur de mise en œuvre de la représentation proportionnelle, agitation du « chiffon rouge » du droit de vote pour les immigrés étrangers... C'est le président de la République en personne qui est à la manœuvre : en réponse à un courrier de Jean-Marie Le Pen, Mitterrand demande au ministre de la Communication d'appeler les responsables de la radiotélévision à ne pas « méconnaître l'obligation de pluralisme qui [leur] incombe[1] ». Le 29 juin 1982, Jean-Marie Le Pen est l'invité du journal du soir de TF1.

Tous ces signes annoncent déjà la vague des élections européennes de 1984, qui marque la véritable « entrée en politique » du Front national. Pourtant, celle-ci surprend la plupart des observateurs. Avec 11 % des suffrages exprimés, le succès de la liste emmenée par Jean-Marie Le Pen est interprété dans un premier temps comme une « poussée de fièvre » caractéristique des mouvements de droite plébiscitaire et nationaliste qu'a toujours connus l'histoire politique française (le bonapartisme, le boulangisme, le poujadisme) et qui ne réussissent jamais à s'implanter durablement dans le paysage électoral. Mais cette grille de lecture apparaît bien vite caduque. Pour la première fois dans l'histoire du suffrage universel – et l'introduction du mode de scrutin proportionnel aidant –, dès les élections régionales et législatives de mars 1986,

---

1. Emmanuel Faux, Thomas Legrand, Gilles Perez, *La Main droite de Dieu. Enquête sur François Mitterrand et l'extrême droite*, Paris, Seuil, 1994.

on assiste à une transformation pleine et entière de l'essai marqué lors du scrutin européen. Le Front national obtient 9,8 % des suffrages exprimés aux législatives, ce qui signe l'entrée de 35 députés à l'Assemblée nationale, et 9,6 % aux régionales, 135 élus siégeant désormais dans les conseils régionaux.

L'enracinement (1986-1999)

Depuis sa naissance, en 1972, le Front national n'était rien ou presque ; il siège désormais dans les assemblées de la République aux côtés des grandes formations, et dispose même d'un groupe parlementaire d'une taille équivalente à celui du Parti communiste. Il lui reste à parachever l'œuvre, à encourager les ralliements, à s'organiser et à engager un renforcement de sa base électorale. L'enracinement est en marche, puisque, dans les douze années qui suivent les succès de 1986, l'influence électorale frontiste ne cesse de se renforcer : 14,4 % à l'élection présidentielle de 1988, puis 15 % à celle de 1995 ; 9,8 % aux législatives de 1988, puis 12,4 % à celles de 1993 et 15 % à celles de 1997 ; 13,7 % aux régionales de 1992, puis 15 % à celles de 1998. Seules les élections européennes échappent à ce schéma de croissance régulière, le FN réalisant un score de 11,7 % à celles de 1989 et de 10,5 % à celles de 1994. Sur le terrain municipal et cantonal, les succès sont plus modestes, mais le scrutin municipal de 1995 voit le Front national remporter quelques mairies (Toulon, Orange et Marignane). Une poignée de conseillers généraux parviennent même à se faire élire dans le cadre du mode de scrutin majoritaire à deux tours.

Ce renforcement constant crée de nombreuses tensions à droite, particulièrement au sein des conseils régionaux, où la logique proportionnaliste érige le Front national en un véritable « parti-charnière » dont dépendent les majorités de droite. En 1986 et surtout en 1998, un débat tonitruant s'ouvre dans certaines des régions où l'apport d'élus frontistes a servi à assurer la victoire de la droite. Au sein même du Front national, cette montée en puissance fait naître des ambitions et des visions stratégiques opposées. Le numéro deux, Bruno Mégret, venu de la droite classique au milieu des années 1980, considère que le travail de rationalisation du parti ainsi que ses succès électoraux lui doivent beaucoup. Écarté par Jean-Marie Le Pen de la tête de liste pour les élections européennes de 1999, il tente d'organiser la dissidence et entre en conflit ouvert avec ce dernier en décembre 1998. Un mois plus tard, il crée un nouveau mouvement, le Mouvement national républicain (MNR). L'éclatement va coûter très cher au Front national ; les conséquences électorales sont immédiates.

L'éclatement (1999-2001)

À l'issue de la scission dramatique du parti et de la naissance du MNR, le Front national est exsangue. La moitié des élus, principalement régionaux, ont suivi Bruno Mégret dans la dissidence. Presque 60 % des secrétaires départementaux, chair vive de l'appareil du parti, ont fait de même. Jusqu'au cœur du système partisan (le comité central et le bureau politique), la contestation a été acharnée : 14 des 34 membres du bureau ont rallié le numéro deux, ainsi que 52 des 120 membres du comité central. Il aurait été étonnant que cette crise de leadership ne se fasse pas sentir d'une façon ou d'une autre dans les urnes.

La sanction ne tarde pas : dès les élections européennes de juin 1999, la liste du Front national emmenée par Jean-Marie Le Pen tombe à 5,7 % des suffrages, la liste concurrente du Mouvement national républicain dirigée par Bruno Mégret recueillant 3,3 %. À elles deux, elles continuent de capter un peu moins de 10 % des voix, ce qui correspond bien au niveau habituel de l'influence frontiste aux européennes. Cependant, divisées, ces listes perdent beaucoup de leur influence électorale. Le Front national s'en sort mieux que le MNR. La contestation mégrétiste, qui a pourtant profondément entamé l'appareil du FN, n'a qu'une crédibilité très modeste auprès de l'électorat. Comme toutes les dissidences précédentes qui ont cherché à se mesurer au Front national, elle va connaître par la suite une irrésistible marginalisation. L'antériorité de la marque « Front national », son inscription dans le paysage politique et le charisme de son président ont raison des velléités pour imposer un nouveau label, une nouvelle organisation et un nouveau leader.

Les années 2000 et 2001 voient l'influence du Front national chuter. Aux élections municipales et cantonales de mars 2001, il perd l'essentiel de ses rares points d'ancrage locaux. Pour la première fois depuis quinze ans, la cote de popularité de son président passe sous la barre des 10 %. Ce sera le cas en 1999, en 2000 et même en 2001, où seulement 9 % des Français prédisent un avenir politique à Jean-Marie Le Pen. Tout se passe comme si le Front national était en train de quitter peu à peu la scène politique. Mais le président contesté va progressivement reprendre en main la « vieille maison » et la remettre en capacité de fédérer les frustrations électorales qu'une longue cohabitation entre gauche et droite (1997-2002) a pu accumuler.

La résurrection (2002-2005)

Au soir du premier tour de l'élection présidentielle de 2002, Jean-Marie Le Pen, candidat à la présidence pour la quatrième fois, rassemble 16,9 % des suffrages exprimés, soit 0,7 % (194 600 voix) de plus que le candidat socialiste, Lionel Jospin, et se qualifie pour le second tour. Ce résultat fait l'effet d'un coup de tonnerre. Jamais dans l'histoire électorale française un candidat issu de l'extrême droite n'a atteint un tel niveau. La performance est d'autant plus étonnante que, depuis son éclatement en deux formations rivales, le Front national semblait être tombé dans l'asthénie[1].

Une fois de plus, c'est la capacité du vieux leader (alors âgé de 73 ans) à être le porte-voix de multiples problèmes politiques et sociaux qui a fait la différence. Profitant de l'éclatement du système partisan, d'une offre politique très dispersée (seize candidats au premier tour, dont cinq pour la seule gauche dite « plurielle » de laquelle se revendique Lionel Jospin), de l'usure liée à une cohabitation de cinq ans et des tendances sociales lourdes (insécurité économique, exaspération face à la petite et moyenne délinquance, immigration) qui alimentent le frontisme électoral

---

1. Pascal Perrineau, « La surprise lepéniste et sa suite législative », *in* Pascal Perrineau, Colette Ysmal (dir.), *Le Vote de tous les refus. Les élections présidentielle et législatives de 2002*, Paris, Presses de Sciences Po, 2003, p. 199-222.

depuis vingt ans, Jean-Marie Le Pen a su créer la surprise. Derrière son score, on redécouvre la permanence d'un rejet du personnel politique, le retour d'une logique de crise économique et sociale avec l'inflexion à la hausse de la courbe du chômage, l'atmosphère de tension internationale liée à la crise du Proche-Orient et au traumatisme des attentats du 11 septembre 2001. S'ajoute à cela une préoccupation autour de la sécurité des biens et des personnes qui n'a cessé de progresser tout au long de la campagne électorale. L'ensemble de ces inquiétudes politiques et sociales éclairent l'étonnant retour en grâce électorale du président du Front national. Au second tour, avec 17,8 % des voix, il accroît très légèrement la pelote des votes frontistes, mais confirme aussi la vocation protestataire et l'absence de crédibilité du parti pour occuper le pouvoir.

Ce « vote de tous les refus » permet en tout cas d'effacer la période de basses eaux électorales qui avait suivi l'éclatement de la fin des années 1990. Le Front national retrouve rapidement ses niveaux d'influence électorale d'avant la rupture : 12,5 % aux législatives de 2002, 14,7 % aux régionales de 2004, 9,8 % aux européennes de 2004. Lors du référendum sur le traité constitutionnel européen du 29 mai 2005, cet électorat frontiste retrouvé apporte une contribution décisive à la victoire du non. C'est souvent sur les terres où Jean-Marie Le Pen a le plus progressé entre 1995 et 2002 que le non croît le plus du référendum sur le traité de Maastricht de 1992 à 2005[1]. Ces terres sont celles que la Délégation

---

1. Pascal Perrineau, « Le référendum français du 29 mai 2005. L'irrésistible nationalisation d'un vote européen », *in* Pascal Perrineau (dir.), *Le Vote européen 2004-2005. De l'élargissement au référendum français*, Paris, Presses de Sciences Po, 2005, p. 229-244.

interministérielle à l'aménagement du territoire (Datar) qualifiait dans les années 1980 de « diagonale aride ». Situées sur un axe allant de Charleville au nord-est à Foix au sud-ouest, elles sont caractérisées par un déclin des activités économiques et par une irrésistible érosion démographique. Ce sont également des territoires marqués par des traditions historiques parfois fortes d'opposition au pouvoir central (comme l'Occitanie ou le Limousin) et par un vigoureux tropisme antieuropéen. Dans cette France se manifestent différents signes de rejet et de malaise par rapport à une « société ouverte » sur l'Europe, à la mondialisation, à l'âge postindustriel ou encore à la pluralité des cultures. À l'heure où l'Europe économique et politique inquiète davantage qu'elle ne rassure, le Front national se place aux avant-postes de l'euroscepticisme comme de l'europhobie.

Jean-Marie Le Pen peut envisager l'avenir politique avec confiance : le chiraquisme est finissant, la gauche ne se remet que difficilement du choc de 2002, et le pays semble céder aux sirènes du repli national. Pourtant, c'est oublier l'irrésistible montée du ministre de l'Intérieur, Nicolas Sarkozy : dans la perspective de l'échéance électorale de 2007, il adopte la ligne d'une droite « décomplexée » quelque peu martiale et directe qui « parle » de plus en plus aux électeurs proches du Front national.

Le faux plat (2006-2010)

Avec Nicolas Sarkozy, la droite française semble avoir trouvé le leader qu'elle cherchait depuis plus de vingt ans, capable de contrarier la montée du FN et ses thématiques sécuritaires et anti-immigrés. Celui qui affiche son ambition de succéder à Jacques Chirac séduit nombre d'électeurs qui, en 2002, avaient choisi de voter en faveur de Jean-Marie Le Pen. Pour la première fois en vingt ans d'expérience en matière d'élection présidentielle, ce dernier connaît une érosion de sa dynamique électorale. Le 22 avril 2007, au premier tour, il n'arrive qu'en quatrième position avec seulement 10,4 % des suffrages exprimés. Le vieux leader est usé ; il a trouvé en Nicolas Sarkozy un redoutable concurrent, et la protestation dont il s'était abondamment nourri semble se disperser. Lors des élections législatives qui suivent, en juin 2007, le Front national est balayé : avec 4,3 % des suffrages, il réalise son score le plus calamiteux depuis sa percée électorale des années 1980.

Mais cette relative éviction ne dure pas. L'usure du pouvoir sarkozyste et la crise économique et financière de l'automne 2008 aidant, le Front national renoue avec une lente et régulière progression électorale : 6,3 % aux européennes de 2009, 11,4 % aux régionales de 2010. Le moment est venu de traduire ce retour dans les urnes par un renouveau partisan. Jean-Marie Le Pen annonce ainsi en avril 2010 qu'il ne se représentera pas à la présidence du FN à l'issue du prochain congrès du parti et qu'il ne sera pas candidat à l'élection présidentielle de 2012. Une campagne interne est organisée, du 1er septembre au 15 décembre 2010, entre les deux candidats à la succession, Marine Le Pen et Bruno Gollnisch. La première, bénéficiant du soutien de son père, l'emporte largement auprès des adhérents avec 67,6 % des voix. Quelques semaines plus tard, lors du congrès de Tours (15-16 janvier 2011), Jean-Marie Le Pen cède le fauteuil de président à sa fille et devient président d'honneur. Les élections primaires internes se sont déroulées dans des conditions satisfaisantes, et on a pu éviter les affrontements qui avaient coûté si cher au parti en 1998-1999. L'image du Front national amorce une mutation, ne serait-ce qu'en termes de renouvellement générationnel : à la suite d'une compétition interne « à la loyale », une femme de 42 ans succède à un homme de 82 ans.

Le renouveau (2011-2014)

Les premiers effets positifs de ce changement de leadership se font rapidement sentir. Dès les élections cantonales de mars 2011 – des élections locales et notabilisées habituellement peu favorables à une formation comme le Front national –, les candidats du parti rassemblent 15,1 % des suffrages sur l'ensemble des cantons renouvelables et 19,2 % dans les seuls cantons où le Front national avait un candidat. Jamais le FN n'avait atteint un tel niveau dans ce type de scrutin. Non seulement il a retrouvé toute sa vigueur électorale, mais il est aussi en train de renouveler son électorat et d'engager des dynamiques nouvelles.

La passation de pouvoir réussie entre le père et sa fille et les premiers succès électoraux de la ligne « mariniste » font naître un mouvement d'opinion très favorable à la nouvelle dirigeante. De décembre 2010 à mai 2011, sa cote d'avenir mesurée par la Sofres progresse de 15 points (de 14 à 29 %). Le bureau politique du FN, réuni à Nanterre le 16 mai 2011, soutient à l'unanimité la candidature de Marine Le Pen à la présidence de la République. De nombreux sondages d'intentions de vote annoncent cette dernière talonnant le candidat de l'UMP. En mai 2011, une enquête TNS Sofres pour *Le Nouvel Observateur* et i-Télé mesure 20 % d'intentions de vote pour Marine Le Pen, contre 24 % pour Nicolas Sarkozy et 28 % pour François Hollande. Pendant dix mois, ces intentions oscillent entre 15 et 20 %.

Au soir du premier tour, le 22 avril 2012, la présidente du Front national finit par rassembler 17,9 % des suffrages exprimés, soit 6 421 426 électeurs. C'est plus d'un million et demi de voix supplémentaires par rapport à celles recueillies par son père dix ans plus tôt, lors du « séisme électoral » de 2002. La progression est encore plus impressionnante (+ 2 586 896 voix, soit + 7,5 % des suffrages exprimés) comparée au niveau médiocre atteint par Jean-Marie Le Pen au premier tour de l'élection présidentielle de 2007 (3 834 530 voix, soit 10,4 % des suffrages exprimés).

C'est dire l'ampleur de la dynamique électorale qui a accompagné l'accession de Marine Le Pen à la tête du parti. Il faut s'attarder sur sa teneur pour mieux comprendre les logiques qui sous-tendent le retour en force de l'électorat frontiste.

Avec seulement 10,4 % des suffrages en 2007, Jean-Marie Le Pen réalise le plus mauvais score du Front national à une élection présidentielle depuis le milieu des années 1980, période à laquelle le parti lepéniste a effectué sa percée initiale[1]. En 1988, le président du FN a atteint 14,4 % des suffrages, en 1995, 15 %, en 2002, 16,9 %. Le déclin enregistré en 2007 ouvre une

---

1. Jérôme Fourquet, « L'érosion électorale du lepénisme », *in* Pascal Perrineau (dir.), *Le Vote de rupture. Les élections présidentielle et législatives d'avril-juin 2007*, Paris, Presses de Sciences Po, 2008, p. 213-234.

période de forte érosion du vote frontiste. On parle alors d'une marginalisation électorale. Mais celle-ci est de courte durée. La reprise, qui s'opère progressivement entre 2007 et 2012, concerne à peu près tous les territoires bastions du FN des années 1980 et 1990. C'est sur la bordure méditerranéenne, de Perpignan à Nice, dans les départements de la Loire, de l'Yonne, ceux du Grand Est – l'Aube, la Meuse, la Moselle et le Haut-Rhin – ainsi que ceux de la Picardie élargie à l'Eure et au Pas-de-Calais que la dynamique est la plus vigoureuse depuis 2007. Sur ces terres emblématiques de la vieille France lepéniste, la hausse, qui oscille entre 9 et 11 points, est nettement plus forte qu'au niveau national (+ 7,5 %). Plus de vingt-cinq années de vote frontiste continu ou épisodique y ont laissé des traces, implanté des habitudes, et Marine Le Pen a su réveiller ces structures immanentes.

La reconquête des électeurs frontistes qui avaient rallié Sarkozy en 2007 a été importante : selon l'enquête post-électorale du Cevipof, 16 % des électeurs qui avaient voté pour Nicolas Sarkozy au premier tour de l'élection présidentielle de 2007 et qui se sont rendus aux urnes au premier tour de l'élection de 2012 ont choisi Marine Le Pen. Cela représente plus de 1 700 000 électeurs, soit un quart des Français qui ont voté pour la présidente du Front national. Marine Le Pen a pu compter sur tout un contingent d'électeurs se considérant comme des « perdants de la mondialisation » et que le cours pris par l'exercice du pouvoir présidentiel quelques mois après l'élection de Sarkozy a déçus. Les promesses de ce dernier concernant le pouvoir d'achat, la possibilité de « travailler plus pour gagner plus », la libération de la croissance ou encore la régression du chômage n'ont pas été suivies d'effets. Les électeurs qui s'étaient ralliés à lui en 2007 ont pu avoir l'impression qu'il envoyait davantage de signaux à la gauche de la majorité qu'à sa droite, avec l'ouverture du gouvernement à des ministres de gauche ou encore le relâchement dans le style d'exercice de l'autorité présidentielle.

Certes, Nicolas Sarkozy a créé un ministère de l'Immigration, de l'Intégration, de l'Identité nationale et du Co-développement, mais de nombreux électeurs de droite ont considéré que le débat qui s'était ouvert autour de la question de l'identité nationale pendant la campagne de 2007 avait avorté. Et ce n'est pas la consultation tardive sur ce thème, hâtivement organisée à l'automne 2009, qui a pu les persuader du contraire. À l'époque, pourtant, une majorité de Français (57 % des personnes interrogées fin novembre 2009 par l'Ifop) pensent que « le débat sur l'identité nationale est justifié car il correspond à un sujet qui [les] intéresse ». Parmi eux, 47 % sont à gauche, 44 % au centre, 77 % à droite, et 57 % n'ont pas de préférence partisane. Alors que 89 % des Français se disent « personnellement fiers d'être français » (sondage Ifop pour *Ouest-France*, 30 octobre 2009), 77 % sont favorables à « ce que les enfants apprennent *La Marseillaise* à l'école », 71 % considèrent que « les droits de l'homme sont un élément très important » de l'identité française, et 68 % que « la langue française est un élément constitutif très important » de cette même identité (sondage Sofres/*La Croix*, 17-18 novembre 2009).

Bien que toutes ces questions aient un fort écho dans l'opinion, une très grande majorité de la population (77 %) pense que le débat, justifié sur le fond, n'a qu'une portée essentiellement tactique et « constitue une stratégie pour gagner les élections régionales ». Par ailleurs, l'amateurisme, le manque de pédagogie et de cadrage qui ont caractérisé les discussions publiques et les dérapages qui ont émaillé certaines d'entre elles ouvrent la porte au retour de plusieurs thèmes clefs du Front national. Fin connaisseurs, 77 % d'électeurs proches du FN estiment d'ailleurs que le débat sur l'identité nationale permet « de remettre le Front national au centre du débat politique et public ». Leur intuition n'est pas sans fondement puisque, quelques mois plus tard, le parti de Jean-Marie Le Pen renaît de ses cendres aux élections régionales : 1 943 307 électeurs (9,2 % des suffrages exprimés) choisissent, le 14 mars 2010, de voter pour des listes du Front national, alors qu'ils n'étaient que 1 091 691 (6,3 %) à avoir fait de même lors des élections européennes du 7 juin 2009. La logique des « élections intermédiaires » s'est jointe à un agenda idéologique redevenu favorable pour provoquer le retour en grâce électoral du parti.

La réactivation d'un vote frontiste dormant ou temporairement détourné a mis au jour les strates constitutives d'un électorat composite qui s'est consolidé au fil des décennies. En effet, cette reprise électorale a pu avoir lieu grâce au ralliement d'électeurs provenant de l'ensemble du spectre politique, de la gauche à la droite. Certes, plus la droite classique perd d'électeurs de 2007 à 2012, plus la croissance de l'électorat lepéniste est importante. Mais, de la même façon, plus la croissance de la gauche est modeste, plus la dynamique lepéniste est forte. La gauche, même en période de reconquête, souffre de la concurrence électorale du Front national. Le seul électorat qui semble échapper à la dynamique lepéniste est l'électorat centriste de François Bayrou : c'est même dans les terres où Bayrou perd le plus de 2007 à 2012 que

Marine Le Pen connaît sa croissance la plus faible. Les paisibles électeurs centristes, généralement d'extraction sociale bourgeoise, europhiles et diplômés, sont largement à l'abri de la séduction frontiste.

Pour la période récente, le regain électoral du Front national s'alimente donc à plusieurs sources. Il est frappant de constater que la dynamique de la gauche est deux fois moins importante dans les cantons où Marine Le Pen connaît sa plus forte progression que dans ceux où sa progression est relativement faible. La victoire de la gauche en 2012 ne doit donc pas faire oublier que le Front national lui oppose une concurrence de plus en plus insistante. Celle-ci peut être parfois plus vive qu'entre droite et droite extrême. Dans des départements comme l'Aisne, l'Aude, les Bouches-du-Rhône, le Gard, la Moselle, l'Oise, le Pas-de-Calais, les Pyrénées-Orientales, la Somme ou encore le Territoire de Belfort, cette compétition bat son plein.

L'un des principaux terrains de cet affrontement est constitué par les régions ouvrières. C'est souvent là que Marine Le Pen est le mieux enracinée électoralement[1]. Excepté dans certaines zones (Alpes-Maritimes, Gard, Hérault, Pyrénées-Orientales, Var, Vaucluse) où le haut niveau qu'elle atteint obéit à des logiques d'héritage – fruit d'une implantation politique ancienne établie par

---

1. Une analyse de corrélation réalisée au niveau des 539 circonscriptions de métropole entre le pourcentage des diverses catégories socioprofessionnelles au sein de la population active et le vote en faveur de Marine Le Pen montre qu'il n'existe que deux coefficients de corrélation significatifs : celui, positif, entre le vote lepéniste et la présence ouvrière (+ 0,58) et celui, négatif, entre ce même vote et la présence de cadres et de professions intellectuelles supérieures (– 0,66).

son père dès les années 1980 –, c'est dans les circonscriptions ouvrières du Doubs, de la Loire, de la Moselle, du Nord, du Pas-de-Calais, du Bas-Rhin, du Haut-Rhin, de la Haute-Saône, de la Somme et des Vosges que son influence atteint des sommets. La lutte y est vive entre la gauche et le FN. Un ancien électorat de gauche et un électorat qui pourrait sociologiquement être attiré par des forces de gauche se présentant comme les « meilleurs défenseurs des catégories populaires » cèdent à la tentation lepéniste[1]. Bien sûr, certaines circonscriptions très ouvrières (la 5ᵉ d'Ille-et-Vilaine, la 5ᵉ du Maine-et-Loire, la 3ᵉ des Deux-Sèvres, la 4ᵉ de Vendée) résistent à cette tentation, mais elles restent rares et se situent toutes dans cette France de l'Ouest historiquement et culturellement rétive au populisme frontiste.

Le profil sociologique populaire des électeurs de Marine Le Pen a pesé dans leurs choix de second tour. Nicolas Sarkozy n'a retrouvé que 57 % d'entre eux, un pourcentage insuffisant pour battre le candidat socialiste[2]. S'il a su attirer une immense majorité des électeurs lepénistes issus de milieux bourgeois et indépendants, il n'a

---

1. Nous avons pu montrer au cours de la campagne présidentielle (de novembre 2011 à mars 2012) que Marine Le Pen profitait davantage du ralliement d'électeurs de gauche que d'électeurs de droite. Cf. Pascal Perrineau, « La renaissance électorale de l'électorat frontiste », *Note Élections 2012. Les électorats politiques*, n° 5, avril 2012, www.cevipof.com.

2. *Enquête post-électorale de l'élection présidentielle 2012 Cevipof*, réalisée auprès d'un échantillon de 2 504 personnes représentatives de la population française âgée de 18 ans et plus et inscrite sur les listes électorales, issu d'un échantillon représentatif de la population française âgée de 18 ans et plus de 2 782 personnes. L'échantillon a été interrogé au téléphone par l'institut OpinionWay sur système Cawi du 10 mai au 29 mai 2012.

rassemblé qu'une moitié de ceux qui venaient de milieux populaires (employés et ouvriers). Parmi ces derniers, environ un quart se sont réfugiés dans l'abstention, et un quart ont choisi le vote en faveur de François Hollande, dont ils ont contribué à assurer la victoire. En effet, 17 % des 6 421 426 électeurs de Marine Le Pen ont opté pour le candidat de gauche, ce qui représente plus d'un million d'électeurs. Ce « gaucho-lepénisme » s'enracine assez profondément dans la capacité qu'a Marine Le Pen d'incarner, au-delà de la coupure gauche-droite, les protestations de couches populaires qui se voient comme les « perdants de la mondialisation » et trouvent en bout de course dans le programme de la gauche un écho à certaines de leurs difficultés[1]. Un tel sentiment de perte de repères face à la modernisation économique et à la mondialisation ignore les frontières politiques traditionnelles et peut, l'espace d'un dimanche électoral, rapprocher des univers politiques à première vue étrangers l'un à l'autre, voire opposés. Nous reviendrons plus loin sur ce « gaucho-lepénisme » et sur le potentiel de perturbation politique qu'il recèle.

Ainsi, de 2007 à 2012, le regain électoral du Front national a été porté à la fois par l'organisation réussie de sa propre succession par le fondateur historique du parti, par le dégel d'un électorat frontiste dormant qui avait pu se tourner vers d'autres horizons (abstention,

---

1. Dès l'élection présidentielle de 1995, j'ai mis en évidence les logiques du « gaucho-lepénisme » à l'œuvre dans la dynamique de l'électorat de Jean-Marie Le Pen et dans ses choix de second tour. Cf. Pascal Perrineau, « La dynamique du vote Le Pen : le poids du gaucho-lepénisme », *in* Pascal Perrineau, Colette Ysmal (dir.), *Le Vote de crise. L'élection présidentielle de 1995*, Paris, Presses de Sciences Po/ Département d'études politiques du *Figaro*, 1995, p. 243-261.

vote Sarkozy, vote de gauche...) et par la capacité de la nouvelle candidate du FN à exploiter politiquement le malaise des couches populaires touchées de plein fouet par la crise économique et financière de 2008. Dans cette dynamique, essayons d'analyser le succès de Marine Le Pen à l'aune de celui de son père en 2002, et d'identifier la part de continuité et la part de nouveauté dans le phénomène frontiste depuis qu'elle a pris les rênes du parti.

De 2002 à 2012 :
un électorat en recomposition

Entre 2002 et 2012, l'électorat lepéniste a connu des recompositions significatives. Par rapport à son père en 2002, Marine Le Pen n'a gagné « que » 1 650 209 voix (+ 1,8 % des inscrits, + 0,7 % des suffrages exprimés), mais cette apparente proximité en termes de nombre de voix cache d'assez profondes différences de structure. En effet, le gain n'est pas réparti uniformément sur l'ensemble du territoire national. Dans vingt et un départements métropolitains, on enregistre même une érosion du vote Le Pen (entre – 5,2 % dans les Alpes-Maritimes et – 0,4 % dans l'Ain). Tous les départements de la façade méditerranéenne, nombre de départements du Sud-Ouest, de la région Rhône-Alpes et de la région parisienne sont touchés par ce retrait électoral. Ce sont en général des régions où les cadres et les professions intellectuelles sont surreprésentés, et les couches populaires (employés et ouvriers) sous-représentées. Ainsi, les régions de cols blancs semblent résister davantage que d'autres à la séduction électorale de Marine Le Pen.

D'autre part, sur la bordure méditerranéenne, le travail de reconquête des électeurs frontistes effectué par Nicolas Sarkozy a laissé des traces. Même s'il y reste solidement implanté, ce n'est plus là que le frontisme électoral réalise ses meilleures performances. Celles-ci culminent dans des départements comme l'Aisne (26,3 %), le Pas-de-Calais (25,5 %) et la Haute-Marne (25,3 %), c'est-à-dire des terres à forte présence ouvrière.

Lorsqu'on étudie les départements ayant connu la plus forte poussée frontiste par rapport à 2002, on identifie deux types de terrain : des terres à forte composante ouvrière et populaire (Haute-Marne, Meuse, Vosges, Pas-de-Calais, Mayenne, Sarthe, Vendée, Indre) et d'autres davantage marquées par une protestation rurale et « rurbaine » (Auvergne, Limousin et Poitou-Charentes). Entre 2002 et 2012, dans la Vienne, la Corrèze, la Creuse ou encore la Haute-Vienne, Marine Le Pen progresse de plus de 4 points. Cette forte poussée sur des terres jusqu'alors considérées comme des « terres de mission » pour les candidats frontistes atteste que le mouvement de nationalisation de l'influence lepéniste est prononcé. Certains départements de cette France occidentale longtemps rétive au frontisme sont même devenus en 2012 des zones de force du lepénisme électoral (Lot-et-Garonne : 21,4 % ; Orne : 20 % ; Sarthe : 19,2 % ; Loir-et-Cher : 20,9 % ; Indre : 19,5 %). Marine Le Pen y attire des Français qui ont peu à peu sombré dans une relative « invisibilité » sociale, caractéristique du monde rural et périurbain dont parle le géographe Christophe Guilluy dans son ouvrage *Fractures françaises*[1].

---

1. Christophe Guilluy, *Fractures françaises*, Paris, François Bourin, 2010.

En font aussi partie les électeurs et sympathisants du mouvement Chasse, pêche, nature et traditions, laissés en déshérence par l'absence de candidat en 2012. Il s'agit donc d'un électorat national et composite qu'il faut tenter de décrire et de cerner.

À l'opposé des analyses qui ne pensent le phénomène Marine Le Pen que comme une reproduction à l'identique du phénomène Jean-Marie Le Pen, et au-delà des permanences structurelles qui peuvent être observées, ce sont les points d'inflexion, de recomposition et d'évolution de l'électorat lepéniste qui permettent de saisir la dynamique frontiste en 2012. Certes, la candidate du Front national continue, comme son père, d'atteindre de forts taux de pénétration électorale chez les hommes (20 %), les commerçants et artisans (26 %), les électeurs des couches populaires (21 % chez les employés, 31 % chez les ouvriers) et ceux de faible niveau d'études (22 % chez les électeurs ayant un niveau du primaire, 26 % chez ceux ayant un diplôme de l'enseignement professionnel). Mais, depuis dix ans, le renouvellement générationnel, la féminisation, la prolétarisation, la pénétration dans la population athée comme la diffusion dans l'ensemble de l'Hexagone n'ont cessé d'élargir les bases de l'électorat frontiste.

En dix ans, le lepénisme électoral a ainsi progressé de 2 points chez les femmes, de 5 points chez les 18-24 ans (où il atteint 18 %), de 8 points chez les 25-34 ans (25 %), de 9 points chez les ouvriers (31 %), de 6 points chez les chômeurs (28 %), de 5 points chez les personnes sans religion (20 %) et de 5 points également chez les habitants de villes moyennes (19 %). Ces réalignements ou déplacements ont contribué à étendre l'influence frontiste particulièrement chez les jeunes, dans les couches populaires, chez les chômeurs et dans les milieux culturels jusque-là éloignés de la droite extrême. En revanche, certaines catégories résistent à la progression du Front national : les personnes âgées (Marine Le Pen n'a atteint que 13 % chez les personnes de 65 ans et plus), les cadres supérieurs et professions libérales (7 %), les catholiques pratiquants réguliers (7 %), c'est-à-dire des populations davantage tournées vers la droite classique que vers la gauche. Marine Le Pen parvient donc partiellement à désenclaver son électorat des univers de référence liés à une certaine tradition.

Une étude détaillée de ses récents succès électoraux permet de cerner les populations les plus sensibles à son message politique. Marine Le Pen continue à enregistrer, comme on l'a vu, de meilleurs résultats chez les hommes que chez les femmes. Mais c'est avant tout chez les hommes appartenant aux couches populaires (ouvriers et employés) qu'elle atteint un très haut niveau (32 %). Chez les indépendants de sexe masculin, elle maintient un bon niveau (22 %), mais nettement inférieur à celui qu'elle atteint chez les ouvriers et les employés. Chez les femmes, en revanche, elle bat des records dans le monde de la boutique (31 %), mais reste en deçà chez les ouvrières (27 %) et surtout chez les employées (18 %). Dans le monde des employés, pourtant très féminisé, le vote Le Pen séduit toujours sensiblement moins les femmes que les hommes. Marine Le Pen conserve une capacité à exploiter électoralement un malaise de la condition masculine particulièrement vif dans les catégories populaires[1]. Bien qu'elle soit femme et que l'on

---

1. Cf. Pascal Perrineau, *Le Symptôme Le Pen. Radiographie des électeurs du Front national*, Paris, Fayard, 1997, p. 105-107.

observe une féminisation sensible de son influence, les femmes sont encore aujourd'hui plus réticentes à voter en sa faveur.

L'électorat de Marine Le Pen affiche une jeunesse qui semblait avoir quitté assez largement celui de son père en 2007. Les personnes âgées, nées avant 1947, restent davantage réticentes que les autres classes d'âge à voter en faveur de la candidate du Front national. En revanche, les électeurs de 18 à 34 ans sont plus d'un sur cinq (22 %) à le faire, et cette proportion s'accroît très nettement parmi ceux qui n'ont qu'un faible niveau de diplôme ou un diplôme à dimension professionnelle (CAP, BEP). Dans ces derniers cas, le vote lepéniste peut atteindre des sommets très élevés : 33 % chez les 18-34 ans sans diplôme ou avec le seul BEPC, 42 % chez les 18-34 ans avec un CAP ou un BEP. L'impact du diplôme se retrouve aussi dans d'autres tranches d'âge, mais il apparaît plus amorti. Dans cette frange de la jeunesse pas ou faiblement diplômée et connaissant de graves problèmes d'insertion sur le marché du travail, la protestation lepéniste bat son plein. La capacité de la candidate du FN à exploiter politiquement la fracture sociale et culturelle qui traverse la jeunesse est grande, et son écho est impressionnant chez les plus en difficulté[1]. En revanche, auprès de la jeunesse bien dotée en diplômes, l'influence de Marine Le Pen demeure marginale (8 % chez les jeunes de 18 à 34 ans ayant un niveau d'études supérieur à bac + 2).

L'aptitude de Marine Le Pen à s'ériger en porte-parole d'une population en crise, confrontée à des problèmes

---

1. Anne Muxel, *Avoir vingt ans en politique. Les enfants du désenchantement*, Paris, Seuil, 2010.

d'identité sociale, d'insertion professionnelle, de stabilité de l'emploi ou de niveau de vie, se double d'une faculté à apparaître comme l'expression d'une profonde crise de confiance dans la politique. Moins on déclare faire confiance à la droite et à la gauche, plus on refuse de se sentir proche d'un parti, moins on a d'intérêt pour la politique en général, et plus la propension au vote lepéniste est élevée. Certes, le fait de se positionner à droite accroît la probabilité de ce vote, mais un tel positionnement représente une forme de « socialisation anticipatrice » : celui qui déclare avoir voté Le Pen adopte le système de classification dominant et légitime qui classe le Front national et sa candidate à droite, et même à l'extrême de celle-ci. Il adopte ainsi les normes et les critères qui définissent le groupe des électeurs frontistes qu'il a rejoint.

Comme toujours, quelques semaines après sa bonne performance présidentielle, le Front national connaît une érosion sensible. Lors des élections législatives de juin 2012, il perd environ trois millions d'électeurs, dispersés dans l'abstention ou dans le vote pour des candidats d'autres formations politiques. Du premier tour de l'élection présidentielle au premier tour des élections législatives, le Front national a chuté de 4,3 % des suffrages exprimés et de 6,3 % des électeurs inscrits. Ce recul est de même ampleur que celui qu'il a connu lors d'élections législatives antérieures : – 4,6 % des suffrages exprimés en 1988, – 4,4 % en 2002, – 6,1 % en 2007 (– 5,2 % des inscrits en 1988, – 5,6 % en 2002, – 6,1 % en 2007).

Ainsi, Marine Le Pen n'a pas plus que son père réussi à créer un appareil partisan capable de présenter des candidats suffisamment crédibles pour que l'influence électorale du parti se maintienne à un haut niveau aux scrutins législatifs. Les pertes électorales sont particulièrement sévères dans un grand quart nord-est allant du Pas-de-Calais à la Haute-Saône, dans le Massif central, dans le sud de Poitou-Charentes et dans des circonscriptions courant de la Bretagne intérieure à la bordure occidentale de la région parisienne. Ce sont pour la plupart des régions où l'électorat populaire s'abstient massivement lors des élections législatives et où des députés sortants bien implantés reprennent partiellement en main un électorat qui s'est laissé tenter par la protestation frontiste lors de la présidentielle. En revanche, dans les régions concentrant des métropoles urbaines où les députés sortants sont moins profondément enracinés (Paris et région parisienne, Lyon et agglomération lyonnaise, bordure méditerranéenne de Montpellier à Nice), le Front national résiste mieux et peut même, ici ou là, progresser. C'est aussi parce qu'on y trouve souvent un électorat davantage composé de couches sociales bourgeoises moins touchées par l'abstention et répétant aux législatives leur vote sanction contre la droite classique. Les élections législatives sont en tout cas le théâtre d'une véritable rivalité entre le Front national et l'UMP. Plus la décote du Front national entre la présidentielle et les législatives est importante, meilleure est la résistance, voire la reprise, de la droite de gouvernement. Ainsi, 20 % environ des électeurs lepénistes de la présidentielle déclarent avoir voté en faveur de candidats de l'UMP lors des élections législatives.

Toutefois, la volonté affichée par Marine Le Pen d'installer le FN parmi les « grands » partis capables, grâce à un maillage étroit du territoire national, de fidéliser leur électorat rencontre encore des obstacles. Compte tenu de l'abstention et du niveau moyen du vote Front national, 61 candidats frontistes étaient en mesure de se maintenir au soir du premier tour des législatives. Ce pouvoir de nuisance n'est pas anodin, mais il est tout de même moindre qu'en 1993 (95 candidats présents au second tour) et qu'en 1997 (133 candidats présents). Sur 28 triangulaires auxquelles participe le Front national, la gauche en remporte 14, la droite classique 12, et le FN seulement 2 (avec les victoires de Marion Maréchal-Le Pen dans la troisième circonscription du Vaucluse, et de Gilbert Collard dans la deuxième circonscription du Gard). Dans aucune situation de duel le Front national n'est encore capable de dégager une majorité absolue pour l'emporter, même lorsque sa candidate s'appelle Marine Le Pen, comme dans la onzième circonscription du Pas-de-Calais : la présidente du parti échoue de peu (49,89 %) au second tour face à un candidat socialiste. Dans l'ensemble des 21 circonscriptions où se déroulent des duels Front national-gauche, le parti de Marine Le Pen passe en moyenne de 23 % des suffrages exprimés au premier tour à 39,2 % au second (soit une hausse de 16,2 points), ce qui démontre la capacité d'attraction des candidats frontistes au-delà de leur seul électorat de fidèles. Cette capacité est similaire dans le cas des 9 duels Front national-droite, où la hausse du FN est de 16,7 points ; là encore, cela prouve que les réserves de voix du Front national ne se limitent pas à la seule droite.

La faculté d'attirer des électeurs éloignés de son carré de « fidèles » ou de « convertis » sera une des clefs de l'avenir du Front national. Jusqu'à présent, que le vote en sa faveur soit à la hausse ou à la baisse, le parti est resté cantonné dans le rôle d'une « minorité de blocage », capable de perturber le système politique mais pas de le subvertir. L'épreuve du second tour lui a toujours été fatale, et son image de parti de protestation extrémiste l'a empêché de dégager des majorités et de nouer des alliances susceptibles de le faire accéder au pouvoir. En témoigne le fait que les deux seuls députés qu'il a réussi à faire élire aux élections législatives de juin 2012 l'ont été dans le cadre de majorités relatives obtenues dans des triangulaires. C'est avec 42,8 % des voix que Gilbert Collard a été élu dans la deuxième circonscription du Gard contre une candidate socialiste et un candidat de l'UMP. C'est avec 42,1 % des voix que Marion Maréchal-Le Pen a été élue dans la troisième circonscription du Vaucluse contre un candidat de l'UMP et une candidate socialiste.

Dans les situations de duel, le Front national ne parvient donc toujours pas à franchir la barre des 50 %. Pourquoi ? Une forte majorité de l'électorat reste hostile à une alliance entre l'UMP et le Front national. Dans l'enquête postélectorale réalisée par le Cevipof du 18 mai au 2 juin 2012, 68 % des personnes interrogées disent ne pas souhaiter que « l'UMP et le Front national passent un accord en vue des élections législatives de juin 2012 ». Seuls les électeurs de Marine Le Pen, à 68 %, appellent de leurs vœux un tel accord. Ceux de François Hollande y sont hostiles à 91 % et ceux de Nicolas Sarkozy à 54 %. Certes, une partie de l'électorat de l'UMP peut être séduite par la perspective d'alliances avec le FN : 46 % des électeurs de Nicolas Sarkozy y sont déjà favorables en amont des élections législatives. Et, dans la perspective des élections municipales de mars 2014, 51 % des électeurs proches du principal parti de la droite de gouvernement déclarent être favorables à des alliances locales avec le FN, tandis que 42 %

seulement disent y être hostiles[1]. Le tropisme dominant des électeurs proches de l'UMP semble donc évoluer, et le curseur se déplacer vers des positions moins excluantes vis-à-vis du Front national. Cette tendance est sensible dans l'ensemble de la population, puisque, si 47 % des Français se disent opposés au scénario d'alliances locales au cas par cas lors des élections municipales, 28 % y sont favorables et 25 % se réfugient dans le camp des « sans opinion ». L'acceptabilité du Front national dans le jeu des alliances électorales fait donc aujourd'hui l'objet d'un questionnement croissant. Le nouveau cours politique impulsé par Marine Le Pen a fait bouger les lignes. La montée en puissance du FN, son entreprise de « dédiabolisation », la radicalisation d'une partie de l'UMP, ont beaucoup contribué à rendre plus poreuses les frontières entre la droite de gouvernement et la droite extrême.

Ainsi, hormis quelques moments de faiblesse – lors de la scission du parti en 1999 et pendant la fin de règne de Jean-Marie Le Pen, de 2007 à 2010 –, le Front national a réussi son implantation électorale à tous les niveaux. L'histoire de quarante ans que nous venons de retracer montre que celle-ci a connu, au-delà des aléas que nous avons évoqués, deux temps principaux marqués chacun par une nature sociale et politique du lepénisme distincte.

---

1. Sondage CSA pour le site Atlantico, réalisé par Internet du 19 au 21 mars 2013 auprès d'un échantillon de 2 221 personnes résidant en France et âgées de 18 ans et plus, représentatives de l'ensemble de la population française.

Les deux lepénismes électoraux

Dans les années 1980, la réussite électorale de Jean-Marie Le Pen s'est appuyée, pour une bonne part, sur le courant de protestation politique qui traversait alors l'électorat de droite, désarçonné par sa défaite de 1981, et sur les interrogations qui taraudaient les grandes concentrations urbaines françaises confrontées à la montée de l'insécurité et au développement de l'immigration. Dans les années 2010, le premier lepénisme électoral, jusqu'alors cantonné à une France située à l'est d'une ligne Le Havre-Perpignan, s'est renforcé et élargi à la quasi-totalité du territoire hexagonal. Après trente ans de dynamique électorale ascendante, le Front national est en train de devenir véritablement *national*.

Pour prendre la mesure de cette mutation, il suffit de comparer la carte d'implantation départementale de Jean-Marie Le Pen au premier tour de l'élection présidentielle de 1988 et celle de Marine Le Pen au premier tour de l'élection présidentielle de 2012. En 1988, le lepénisme apparaît bien implanté dans les grandes conurbations de la bordure méditerranéenne (de Perpignan à Nice), de la région lyonnaise, de l'axe urbain oriental (Metz, Strasbourg, Mulhouse) et de la ceinture périurbaine parisienne, particulièrement au nord et à l'est (cf. carte « Le lepénisme électoral en 1988 »). La majorité des électeurs qui ont rallié la candidature de Jean-Marie Le Pen proviennent de la droite traditionnelle. Les terres « tranquilles » du Centre, de l'Ouest et du Sud-Ouest, moins marquées par la montée des inquiétudes urbaines, échappent assez largement à l'emprise lepéniste.

Vingt-cinq ans plus tard, le paysage a profondément changé. Les bastions se sont souvent renforcés et constituent désormais une large bande continue s'étendant du Nord-Pas-de-Calais à la Méditerranée et se prolongeant vers l'ouest le long d'une ligne qui court de la Basse-Normandie à Midi-Pyrénées, avec une poussée supplémentaire le long de la vallée de la Garonne jusqu'au sud de Poitou-Charentes (cf. carte « Le lepénisme électoral en 2012 »). Bien au-delà de l'univers urbain, c'est l'univers rural et « rurbain » qui est touché. Les terres de gauche comme les terres de droite sont atteintes par la fièvre lepéniste.

Un deuxième lepénisme électoral a donc succédé au premier. Il ne se contente pas de prolonger les lignes de force originelles ; il conquiert de nouveaux terrains démographiques et sociaux et ouvre de nouveaux horizons politiques. Même si, dans certains bastions de la première heure (région parisienne, Bas-Rhin, Loire, axe Marseille-Nice), Marine Le Pen fait moins bien que son père, elle gagne du terrain dans le quart nord-est du pays (du Pas-de-Calais à la Haute-Saône) et de la Basse-Normandie à la Bourgogne en passant par le Centre, le Limousin et les Charentes (cf. carte « La progression lepéniste de 1988 à 2012 »). D'anciennes terres communistes industrielles (Pas-de-Calais, Aisne, Somme), les bastions d'une droite laïque et patriote (Champagne-Ardenne, Lorraine), certains départements d'un Ouest intérieur marqué par une forte tradition de droite catholique (Orne, Sarthe) et, enfin, nombre de départements de cette vieille France centrale déchristianisée et de gauche (Indre, Cher, Limousin, Allier) ont permis à la candidate du Front national de déployer une dynamique exceptionnelle.

Le lepénisme électoral en 1988

Vote FN au premier tour de l'élection présidentielle de 1988 (% suffrages exprimés)

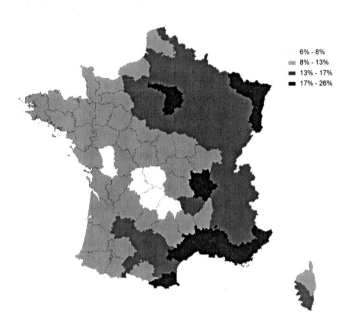

6% - 8%
8% - 13%
13% - 17%
17% - 26%

Source : Cartes & Données, Articque.

Le lepénisme électoral en 2012

Vote FN au premier tour de l'élection présidentielle de 2012 (% suffrages exprimés)

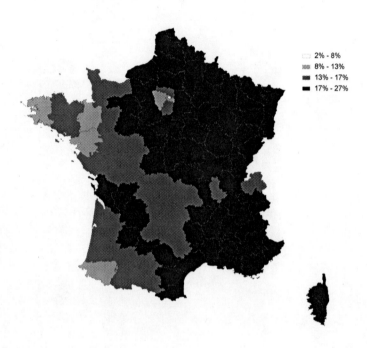

2% - 8%
8% - 13%
13% - 17%
17% - 27%

Source : Cartes & Données, Articque.

La progression lepéniste de 1988 à 2012

**Evolution du vote FN au premier tour de l'élection présidentielle
entre 1988 et 2012 (% suffrages exprimés)**

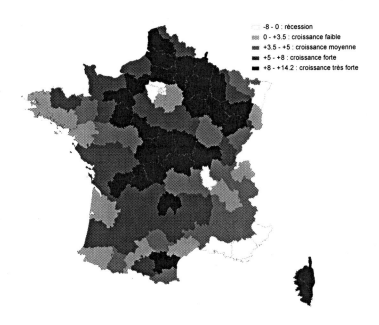

-8 - 0 : récession
0 - +3.5 : croissance faible
+3.5 - +5 : croissance moyenne
+5 - +8 : croissance forte
+8 - +14.2 : croissance très forte

Source : Cartes & Données, Articque.

S'il veut poursuivre sa progression, le Front national est confronté aujourd'hui à trois défis qui consistent à opérer trois synthèses : la première, entre le premier lepénisme électoral, essentiellement droitier et bourgeois ou petit-bourgeois, et le second, davantage émancipé de l'univers des droites et plus populaire ; la deuxième, entre le vieux lepénisme oriental, caractéristique d'une France marquée par de douloureuses reconversions industrielles, et le nouveau lepénisme occidental, typique d'une France plus âgée et davantage affranchie de la référence urbaine et industrielle ; la troisième, entre le « lepénisme des villes » et le « lepénisme des champs » – ou plus précisément celui des lisières entre le monde urbain et le monde rural.

Pour relever ces défis, le parti s'est engagé dans un processus de renouveau. Il nous faut maintenant déterminer, au sein de ce processus, ce qui relève de tendances anciennes décelables dès la percée des années 1980 et ce qui constitue une véritable nouveauté des années 2010. L'électorat du Front national a bien changé, mais cette évolution ne peut être comprise à partir des seules mutations de la société française. Elle traduit également les transformations qui ont affecté le parti, les hommes et les femmes qui l'incarnent, les idées et les programmes dont ils sont porteurs, ainsi que la manière dont ils appréhendent et mettent en récit les bouleversements de la société.

Deuxième partie

Le Front national,
« ni tout à fait le même, ni tout à fait un autre »

Comme toujours lorsqu'il s'agit de penser la part de la reproduction et celle de l'innovation dans un phénomène politique, on peut durcir les oppositions, le risque étant soit d'exagérer la réalité des continuités, soit au contraire de survaloriser les ruptures. Or la continuité n'est jamais une reproduction à l'identique, et l'ancien peut se loger au cœur du neuf.

Le Front national a quarante-deux ans d'existence. Il est clairement né dans un univers d'extrême droite, une extrême droite alors éclatée et qu'il s'agissait de rassembler afin qu'elle dépasse sa dimension groupusculaire et acquière un poids au-delà du pavé parisien ou des joutes l'opposant au gauchisme étudiant issu de mai 1968. Si l'unification fut longue, chaotique et jamais complètement réalisée, elle permit néanmoins au Front national de se trouver, au début des années 1980, en ordre de bataille pour rencontrer les attentes et les demandes de la société française. Cette rencontre – réussie – a-t-elle profondément changé la nature du parti ? Dans quelle mesure le Front national des origines a-t-il subsisté ?

On retrouve, tout au long des quatre décennies d'histoire du Front national, de fortes permanences qui n'excluent pas les adaptations. Mais on décèle aussi, depuis l'élection de Marine Le Pen à sa présidence, des inflexions qui, sans constituer toutes des nouveautés radicales, n'en sont pas moins des éléments qui peuvent contribuer à faire évoluer le regard porté, depuis sa naissance, sur ce parti et ceux qui le dirigent.

Les éléments de continuité

Un parti à l'identité pérenne

Le Front national a été créé le 5 octobre 1972. Il est aujourd'hui le plus vieux parti de la famille nationaliste française en activité sous le même nom et sous la direction d'une même famille. Jusqu'à il y a peu, L'Œuvre française, petite formation d'extrême droite fondée en 1968, lui disputait ce titre, mais elle a été dissoute par un décret du 23 juillet 2013 pour propagation d'idéologies xénophobes et antisémites. Une telle longévité est exceptionnelle dans un univers politique où la plupart des organisations ne connaissent que des vies relativement brèves (à l'image d'Europe-Action, d'Occident, d'Ordre nouveau ou du Parti des forces nouvelles).

Le Front national naît de l'idée – véhiculée par Ordre nouveau, principale formation néofasciste du début des années 1970 – selon laquelle l'extrême droite doit sortir de la marginalité groupusculaire et dépasser la simple agitation de rue pour se forger un programme susceptible de rencontrer un écho lors des échéances électorales à venir. Les responsables extrémistes, qui se qualifient eux-mêmes à l'époque de « nationalistes-révolutionnaires », sont ainsi à la recherche de « nationaux » réputés plus modérés et plus présentables, s'affichant comme les héritiers des combats du poujadisme et de l'Algérie française, pour lancer un nouveau parti incarnant la fusion de ces deux tempéraments de la droite extrême[1]. Jean-Marie Le Pen est choisi pour le présider. Au sein du Front national, lui-même et tous ses proches (Roger Holeindre, Pierre Durand) sont doublés par des hommes issus d'Ordre nouveau et de l'extrême droite la plus stricte (François Brigneau, Alain Robert, Pierre Bousquet).

Les ambitions électorales de la jeune formation sont très vite déçues : ses 105 candidats aux élections législatives ne parviennent à attirer que 1,3 % des suffrages exprimés. Dès la fin de l'année 1973, les forces centrifuges reprennent le dessus, comme cela se produit souvent dans les petits appareils d'extrême droite. Ordre nouveau retourne à l'activisme, et ses dirigeants fondent en novembre 1974 l'un des principaux concurrents du Front national : le Parti des forces nouvelles. Isolé et affaibli, Jean-Marie Le Pen tente, avec une poignée de fidèles, de renforcer sa petite machine partisane afin de la mettre à sa botte.

La volonté du Front national de rassembler les différentes sensibilités de la droite extrême, sans vraiment y parvenir parfaitement, ne s'est jamais démentie. Une analyse des personnalités qui forment aujourd'hui le « saint des saints » du pouvoir au FN, à savoir son bureau exécutif, révèle que les anciens d'extrême droite y sont toujours majoritaires, côtoyant une poignée de jeunes cadres qui ne sont pas en rupture profonde avec

---

1. Jean-Yves Camus, *Le Front national. Histoire et analyses*, Paris, Éditions Olivier Laurens, 1996.

la génération précédente (cf. encadré « Le bureau exécutif du Front national en 2014 »). Sur les neuf membres de cette instance, cinq sont issus de la première génération militante de l'extrême droite – Jean-Marie Le Pen, Alain Jamet, Wallerand de Saint-Just, Marie-Christine Arnautu et Jean-François Jalkh – et trois de la deuxième génération – Marine Le Pen, Steeve Briois et Louis Aliot –, le renouveau se marquant davantage par l'âge des artères que par un changement idéologique et politique. Florian Philippot, adhérent depuis 2008, est le seul à venir d'autres horizons, en l'occurrence celui de la gauche souverainiste. L'instance dirigeante du parti témoigne donc de la permanence d'une certaine culture politique, celle de l'extrême droite française.

Certes, le Front national a grandi. Certaines règles de son organisation ont évolué. Mais sa structuration politique n'a pas profondément changé. Une forte permanence reste sensible, que ce soit dans la forme ou dans les contenus. Elle se lit dans le maintien du nom, qu'en dépit de quelques velléités il n'est pas question de changer ; dans le fait que le fondateur fait toujours partie de l'organigramme en tant que président d'honneur ; enfin, dans la pérennité des organes qui structurent la vie du parti (congrès, comité central, bureau politique, secrétariat général, président et vice-présidents) et de ceux qui y occupent des postes clefs.

En politique, les intitulés partisans ont une grande importance. Dès la naissance du FN, les combats terminologiques recouvrent des lignes de front politiques. Le congrès fondateur de juin 1972 voit s'opposer les radicaux, qui veulent conserver une référence à Ordre nouveau et défendent l'appellation « Front national pour un Ordre nouveau », et les plus pragmatiques, qui proposent le nom de « Front national pour l'unité française ». C'est ce dernier qui l'emporte, avant que l'habitude et la commodité n'imposent la version courte : Front national.

Le bureau exécutif du Front national en 2014[1]

– Marine Le Pen : 46 ans, adhère en 1986, devient présidente du parti en janvier 2011
– Jean-Marie Le Pen : 86 ans, président du parti de 1972 à 2011, puis président d'honneur
– Alain Jamet : 80 ans, adhère en 1972, ancien du mouvement Poujade, du Fnaf (Front national pour l'Algérie française), du FNC (Front national combattant) et des Comités Tixier-Vignancour)
– Steeve Briois : 42 ans, adhère en 1988, rejoint la dissidence mégrétiste en 1998 puis revient au FN, dont il est le secrétaire général depuis 2011
– Wallerand de Saint-Just : 64 ans, adhère en 1987, a participé en tant qu'étudiant aux actions du GUD (Groupe union défense), membre de Chrétienté Solidarité
– Louis Aliot : 45 ans, adhère en 1988, ancien de l'UNI (Union nationale interuniversitaire)
– Marie-Christine Arnautu : 62 ans, adhère en 1987, ancienne assistante parlementaire de Jean-Pierre Stirbois
– Jean-François Jalkh : 57 ans, adhère en 1974, auteur en 1985 avec Jean-Pierre Stirbois de *Dossier immigration*, et en 1987 avec Jean-Yves Le Gallou d'*Être français, cela se mérite*
– Florian Philippot : 33 ans, adhère en 2008, ancien président du comité de soutien « grandes écoles » à Jean-Pierre Chevènement

---

1. Source : www.frontnational.com/fonctions/bureau-executif.

Plus de quarante ans plus tard, le débat autour de l'éventuel changement de nom du parti rejoue ce conflit entre ceux qui entendent maintenir la « pureté des origines » et ceux qui tentent d'adoucir les angles d'une identité trop marquée. Depuis quelques années, cette idée est avancée par certains de ses leaders dans le cadre d'une stratégie de séduction à l'adresse d'électeurs attirés par l'idéologie frontiste mais gênés par l'étiquette « Front national ». En janvier 2012, le numéro deux du parti, Louis Aliot, dépose auprès de l'Institut national de la propriété industrielle (Inpi) le nom « Alliance pour un rassemblement national ». Jean-Marie Le Pen, gardien des tables de la Loi, fait immédiatement connaître son désaccord : « On fonde un autre parti quand on a fait faillite, pas quand on a du succès ! » Marine Le Pen, elle, estime que la question n'est pas à l'ordre du jour mais qu'elle pourrait se poser à l'avenir. Le 24 juin 2013, Florian Philippot, vice-président du Front national, déclare : « Le débat n'est pas tabou [...]. Il y a déjà le Rassemblement Bleu Marine[1], on va continuer le travail de fond, de terrain. » Derrière cette querelle à fleurets mouchetés se lit la volonté de certains de poursuivre l'entreprise de modernisation de l'image du FN. Le produit « Marine » devrait s'imposer et supplantera peut-être un jour la marque « Front national ». Mais, pour l'instant, celle-ci tient bon et reste au cœur de l'identité du parti comme du phénomène politique.

---

1. Le Rassemblement Bleu Marine a également fait l'objet, le 24 avril 2012, d'un dépôt de marque auprès de l'Inpi par Jean-François Jalkh, délégué général du Front national.

Une entreprise familiale

Au-delà de la permanence du nom, le Front national est marqué par une continuité familiale. En 2011, c'est sa fille cadette qui a succédé au fondateur, perpétuant la forte intrication entre la sphère familiale et les affaires du parti. Dès le départ, Jean-Marie Le Pen a conçu sa formation sur le modèle d'une PME familiale. Femmes, filles, gendres et petits-enfants y ont été et y sont intimement associés. Son épouse actuelle, Jany Le Pen, est depuis 2005 présidente d'honneur de Fraternité française, une organisation caritative liée au Front national. En 1999, elle avait été proposée par son mari comme tête de liste aux élections européennes, ce qui avait provoqué l'ire de Bruno Mégret et constitué le prétexte de son départ.

Les trois filles de Jean-Marie Le Pen ont travaillé ou travaillent au sein du parti. L'aînée, Marie-Caroline, s'engage très jeune et se porte candidate à des élections dès mars 1985. Elle devient ensuite salariée du FN dans le service vidéo, jusqu'à la rupture de 1999, lorsqu'elle rejoint, avec son mari Philippe Olivier, la dissidence mégrétiste. Yann Le Pen épouse en 1993, en secondes noces, Samuel Maréchal, ancien directeur de la communication du président du Front national, dont elle se sépare en 2007. Elle est aujourd'hui employée au sein du parti, où elle s'occupe de l'événementiel. Marine Le Pen, la cadette, fait toute sa carrière au Front : elle adhère à 18 ans, se présente à sa première élection à 24 ans, intègre le service juridique du FN à 30 ans et est élue à la tête du parti en 2011.

Les maris ne sont pas en reste. Philippe Olivier, époux de Marie-Caroline, a été un élu du parti et le bras droit de Bruno Mégret jusqu'à la scission de 1999. Samuel Maréchal, second mari de Yann, est élu patron du Front national de la jeunesse et responsable du parti jusqu'à ce qu'il se retire de la politique dans les années 2000. Le premier mari de Marine Le Pen, Franck Chauffroy, était un chef d'entreprise qui travaillait souvent avec le Front. Son second mari, Éric Iorio, était élu et secrétaire national du parti. Son compagnon actuel, Louis Aliot, en est le vice-président. Et la troisième génération Le Pen est déjà là : Marion Maréchal-Le Pen, fille de Yann Le Pen, est propulsée sur la liste du Front national à Saint-Cloud en 2008, puis en 2010 sur celle des élections régionales dans les Yvelines. Elle est élue députée dans la troisième circonscription du Vaucluse en 2012.

Cette omniprésence de la famille à tous les niveaux du parti est une constante dans l'histoire du Front national. Son ancien secrétaire général, Carl Lang, parle même en 2008 d'un « Front familial ». On sait que le népotisme est caractéristique des organisations politiques à leadership charismatique, où le chef joue de son autorité pour rétribuer les siens. Si cette dimension existe dans d'autres partis, elle semble s'être particulièrement épanouie au Front national, où elle est favorisée à la fois par la petite taille de la formation, par sa structure et par son idéologie, qui privilégie le groupe d'appartenance le plus immédiat, à savoir la famille, et en fait un véritable credo politique. Souvenons-nous de la phrase culte de Jean-Marie Le Pen : « Je préfère mes filles à mes nièces, mes nièces à mes cousines, mes cousines à mes voisines, mes voisines à des inconnus et des inconnus à mes ennemis. » Cet éloge de l'entre-soi familial constitue la matrice de l'hétérophobie qui traverse nombre de discours du Front national, à l'époque de Jean-Marie Le Pen comme à celle de sa fille. Dans la pratique, cela se traduit par un mélange entre affaires privées et engagements politiques. La permanence du « nom du Père » marque la continuité d'une généalogie familiale qui se confond intimement avec une histoire politique.

Un parti symptôme

Dès ses premières réussites électorales, dans les années 1980, le Front national apparaît comme le symptôme de multiples malaises touchant la société française[1]. Le malaise créé par l'arrivée de la gauche au pouvoir en 1981 entraîne une radicalisation de certains segments de l'électorat de droite, à la recherche d'une formation politique parlant haut et fort face à une gauche considérée comme illégitime. Le malaise social s'articule autour des enjeux de l'immigration et de la délinquance, peu pris au sérieux par les grands partis de gouvernement, mais qui inquiètent une population déjà préoccupée par la hausse du taux de chômage consécutive aux chocs pétroliers des années 1970. Enfin, le malaise urbain, caractérisé par un étiolement de la croissance, du renouvellement démographique et des mobilités territoriales, donnant naissance à un univers fini, anémié, où n'existe plus de « nouvelle frontière[2] », offre au Front national un terrain où s'enraciner.

---

1. Pascal Perrineau, *Le Symptôme Le Pen. Radiographie des électeurs du Front national*, Paris, Fayard, 1997.
2. Pascal Perrineau, « Front national : l'écho politique de l'anomie urbaine », *Esprit*, « La France en politique », 1988, p. 22-38.

Le Front national apparaît donc comme un « parti sociétal[1] » faisant fonction d'exutoire pour diverses difficultés sociales et politiques. C'est ce que montre son histoire récente. Aux malaises des années 1980 s'ajoutent, dans les années 1990, la protestation de couches populaires qui s'enfoncent dans la crise économique et sociale, puis, dans les années 2000, le rejet d'un consensus politique qui s'est traduit par une longue période de cohabitation (1997-2002), ainsi que l'angoisse face à la montée de l'islamisme radical, qui éclate au grand jour avec les attentats du 11 septembre 2001 aux États-Unis. Dans les années 2010, le symptôme se déplace sur le terrain social, à travers les effets récessifs de la crise économique et financière, et politico-culturel, avec la montée de ce que certains appellent l'insécurité culturelle[2]. En opérant une nette « gauchisation » de son discours économique et en intégrant des pans entiers de l'idéologie républicaine dans ses références, le Front national de Marine Le Pen tente de répondre, avec un certain succès, à toutes ces nouvelles inquiétudes. Le caractère

---

1. On peut opposer au « parti-État », essentiellement tourné vers l'État comme instance de régulation des problèmes de société, le « parti-société », qui cherche à s'articuler directement sur les clivages qui traversent la société sans vraiment se poser la question de leur régulation par la puissance publique.
2. Le géographe Christophe Guilluy ou encore le sociologue Alain Mergier ont développé cette notion d'« insécurité culturelle ». Elle renvoie à des représentations, souvent déformées, de la réalité : la mondialisation, la crise économique, le déclassement social, une série de difficultés qui sont attribués en tout ou en partie aux marchés, à la finance et aux « élites » incompétentes ou corrompues, mais aussi à l'immigration ou à l'islam, dont la présence visible sur certains territoires (et dans les médias) suscite des « peurs » en termes de changement des « modes de vie ». Cf. Alain Mergier, Jérôme Fourquet, *Le Point de rupture. Enquête sur les ressorts du vote FN en milieux populaires*, Paris, Fondation Jean-Jaurès, coll. « Les Essais », 2011.

multiforme des dysfonctionnements de la société française – économiques, sociaux, culturels et politiques – est l'une des raisons de ce succès et de la capacité du parti à réapparaître là où ne l'attend pas. Quand la lecture ethnique de l'immigration commence à s'épuiser, on met l'accent sur la montée de l'islamisme radical. Quand la dénonciation de la « Ripoublique » (un terme inventé par Jean-Marie Le Pen) fait long feu, elle est remplacée par la diabolisation de l'« euromondialisme ». À cet égard, Marine Le Pen montre tout autant d'aptitude que son père à épouser et nommer les inquiétudes françaises.

Une constante nationaliste et populiste

Dès le départ, les historiens politiques et les politologues ont vu dans le Front national le surgeon d'un vieux tempérament nationaliste et populiste, comme le montrent par exemple les analyses de Pierre-André Taguieff et de Michel Winock. En 1984, le premier identifie la « rhétorique du national-populisme[1] ». Il constate que le Front national recourt aux lieux communs pamphlétaires de la décadence et organise son argumentation autour d'un amalgame entre immigration, chômage et délinquance, ainsi qu'autour des métaphores de la « maladie », de la « cinquième colonne », du « naufrage », de l'« anti-fiscalisme », de la « remise en ordre » et de « la nation ». La déclinaison de tous ces thèmes s'inscrit dans le cadre d'une démagogie populiste dénonçant des ennemis absolus (les « lois iniques », la « caste des

---

1. Pierre-André Taguieff, « La rhétorique du national-populisme », *Mots*, 9 octobre 1984.

privilégiés », « l'Établissement », la « bande des quatre », le « parti de l'étranger »…).

Les Le Pen père et fille sont passés maîtres dans l'art de manier ce populisme nationaliste où le démagogue et son action politique sont légitimés par l'alliance proclamée entre le tribun et « son » peuple. Depuis des décennies, le matériel de propagande du Front national décline cette proximité, voire cette quasi-équivalence supposées, comme le montrent les allitérations mises en évidence sur les affiches (cf. « L'équivalence "Le Pen = Le peuple" dans la propagande du Front national »). Dans ce registre, les constantes entre le père et la fille l'emportent, et l'on retrouve dans le Front national d'aujourd'hui nombre d'éléments constitutifs d'un tel national-populisme. Celui-ci résulte, comme le dit Michel Winock, de la fusion réussie entre de multiples dimensions de l'extrême droite française : le catholicisme intégriste, le néofascisme, la nostalgie de la Révolution nationale et de l'Algérie française[1]… Cette fusion s'opère autour d'un nationalisme de rétraction. Le « nationalisme des nationalistes », comme aimait à l'appeler Raoul Girardet, « est avant tout un mouvement de défense, repli, resserrement sur lui-même d'un corps blessé[2] ». C'est ce tempérament nationaliste né à la fin du XIXe siècle qui oscille comme une grande force confuse, hétérogène et inclassable, allant de l'extrême gauche à l'extrême droite, avant de se fixer à droite, souvent dans les confins les plus extrêmes. Le Front national et ses dirigeants sont les héritiers de cette famille politique.

---

1. Michel Winock, « Populismes français », *Vingtième Siècle*, n° 56, octobre-décembre 1997.

2. Raoul Girardet, *Le Nationalisme français. Anthologie 1871-1914*, Paris, Seuil, 1983, p. 18.

L'équivalence « Le Pen = Le peuple » dans la propagande du Front national

La protestation ou le pouvoir ?

Depuis sa naissance, le Front national est tiraillé entre le désir de se démarquer du système politique et celui de s'adapter à lui pour s'y intégrer[1]. En créant ce parti, en 1972, nombre de leaders d'Ordre nouveau cherchaient à sortir d'une pure logique de contestation et de protestation et à enclencher un processus de normalisation qui lui permettrait de se poser sérieusement la question du pouvoir. Au début, dans les années 1970, il s'est surtout agi de donner une vitrine présentable et légaliste à un courant qui n'avait que peu de respect pour la dévolution démocratique du pouvoir par les urnes. Les activistes « nationalistes » s'efforçaient de se cacher derrière quelques notables « nationaux » plus convenables, sentant moins le soufre de la sédition et de la violence. Dans un manifeste rédigé en 1971, François Duprat, théoricien de l'extrême droite, énonce clairement cette intention : « Nous avons bien sûr besoin de notables, pour asseoir notre parti, lui donner poids et consistance, mais de notables sincères, honnêtes[2]. » Jean-Marie Le Pen, avec d'autres, sera de ceux-là.

Au-delà du style et de la façade, c'est l'équilibre même entre stratégie de protestation et stratégie de pouvoir qui change au cours des dix années qui suivent la création du Front national. Nombre de militants radicaux et d'activistes s'éloignent ou sont chassés, d'autres les remplacent, et le centre de gravité du parti évolue vers une toujours plus grande adaptation au système afin de mener à bien la conquête du pouvoir. Dès les années 1980, le FN privilégie l'action électorale et se rassemble derrière un leader dont on tente de moderniser le charisme et d'adoucir les aspects de sa personnalité les plus dérangeants. La stratégie consiste dans des efforts de communication,

---

1. Alexandre Dézé, *Le Front national : à la conquête du pouvoir ?*, Paris, Armand Colin, 2012.
2. *Pour un ordre nouveau*, n° 1, juillet-août 1971.

une « vedettarisation » de Jean-Marie Le Pen, l'arrivée de cadres ne venant pas des microchapelles d'extrême droite de toujours et l'invention d'un langage politique plus aseptisé, l'objectif étant de faire oublier le bruit et le fracas de l'extrême droite protestataire pour imposer l'image d'une formation aspirant aux plus hautes destinées. Cependant, à trop vouloir s'intégrer, un parti de contestation peut perdre ce qui faisait sa différence, et donc son attrait. C'est pour éviter cet écueil que le président du Front national n'a cessé, pendant plus de deux décennies, de souffler le chaud de la protestation et le froid de l'intégration. Les innombrables « dérapages » de Jean-Marie Le Pen sont autant de bornes témoins sur ce chemin.

Ce jeu de « *stop and go* » n'est pas sans risque, et le Front national en découvre les limites dans la décennie 1990. En mars 1990, son huitième congrès se fixe comme ligne de mire « la France au pouvoir ». Le numéro deux du parti, Bruno Mégret, précise : « Sur le plan stratégique, notre objectif est de conquérir la responsabilité du pouvoir pour assurer la renaissance de la France. Nous atteindrons cet objectif si Jean-Marie Le Pen est élu président de la République et si le Front national est en position d'assumer les responsabilités pleines et entières du gouvernement. C'est notre objectif à terme. Cela peut se faire dans le cadre d'une alliance avec le RPR et l'UDF, à la condition que le FN soit en position dominante[1]. » Le ver est dans le fruit. À partir de cette date, « mégrétistes » et « lepénistes » ne vont cesser de s'affronter au sujet des concessions qu'implique l'adoption pleine et entière d'une stratégie d'adaptation au « système » et de conquête du pouvoir. Le conflit

---

1. *Le Monde*, 31 mars 1990.

atteint son acmé en 1998-1999. En février 1998, à Bordeaux, Jean-Marie Le Pen déclare : « Ne comptez pas sur moi, ni sur aucun des dirigeants du parti, pour suivre une ligne à la Fini ou à la Haider [...]. Ces lignes sont acquises en abandonnant la perspective du changement utile. » Bruno Mégret rétorque, au mois de mai suivant, qu'il ne s'est pas engagé en politique « pour protester ou témoigner, mais pour accéder au pouvoir[1] ». La tension entre les deux stratégies aboutit à une scission inéluctable en décembre 1998. Faire cohabiter la contestation parfois la plus radicale et la volonté de se transformer en un parti de pouvoir n'est pas chose aisée.

Les années qui suivent ce schisme sont marquées par la reprise en main du parti, son recentrage familial et la montée en puissance de la fille cadette du président, Marine Le Pen. Mais l'« héritière » pressentie, puis mise en selle, tente bientôt à son tour de faire bouger les lignes et de renouer avec une stratégie de « dédiabolisation » susceptible d'ouvrir la possibilité d'alliances et, avec elle, la perspective du pouvoir. La « républicanisation » du vocabulaire (« laïcité », « république », « droits de l'homme »), la modernité affichée (divorces répétés, position favorable à l'interruption volontaire de grossesse, aux droits des femmes et à l'homosexualité), le renouvellement générationnel, la prise de distance avec les références ou les hommes qui rappellent trop l'extrême droite la plus dure, sont autant de signes accompagnant l'irrésistible ascension de Marine Le Pen, de son entrée au bureau politique, en 2000, à son élection à la présidence, en 2011. Cela ne signifie pas que le Front national est devenu un véritable « parti de pouvoir », banalisé

---

1. *Libération*, 25 mai 1998.

et oublieux des éléments de rupture et de contestation antisystème qui ont marqué son histoire tout autant que ses choix politiques et programmatiques. Au-delà de cette apparence de « normalisation », le rapport du FN au pouvoir reste ambivalent, fait d'un mélange de fascination et de répulsion, comme cela a toujours été le cas au cours de ses quarante années d'existence. Certes, le curseur s'est déplacé, la vieille garde séditieuse a disparu ou s'est assagie, les mots blessent un peu moins, les sourires juvéniles et la communication ont fait des progrès. Mais le « désir de pouvoir » d'aujourd'hui doit être pensé davantage dans une logique de continuité avec la culture politique du parti que dans une logique de rupture. Il n'y a pas un « avant » et un « après » Marine Le Pen. Le président d'honneur du Front national, témoin de son histoire longue, ne s'y trompe pas. Interrogé sur les changements liés à l'arrivée de sa fille lors de l'université d'été du FN qui s'est tenue à Marseille les 14 et 15 septembre 2013, il répond : « Il n'y a rien de changé, [même si Marine Le Pen] est une jeune femme et moi un vieux briscard [...]. La ligne politique du mouvement n'a pas bougé. »

Les éléments de rupture

Le renouveau générationnel

Le Front national de la première période est encore lié à la Seconde Guerre mondiale et à la question des colonies. Nombre de ses dirigeants sont issus des combats politiques de la guerre, de la France de Vichy et des luttes autour de l'Algérie française. C'est le cas de Jean-Marie Le Pen, de Roger Holeindre, de Pierre Durand, de Pierre Bousquet, de Victor Barthélemy, d'Alain Jamet et de bien d'autres. Tous entretiennent longtemps au sein du parti un tropisme passéiste que les obsessions et les références de leur président lui-même ont perpétué jusqu'à une période très récente. Aujourd'hui, peu à peu, une nouvelle génération – la génération 1968 et celle des années Mitterrand –, non directement concernée par ces périodes historiques ni par les enjeux et clivages qui leur sont associés, prend les rênes : Marine Le Pen, née en 1968 ; Louis Aliot, né en 1969 ; Florian Philippot, né en 1981 ; Marion Maréchal-Le Pen, née en 1989. Entre-temps, dans les années 1990, la génération de la « nouvelle droite », née dans les années d'après guerre (Bruno Mégret, né en 1949 ; Jean-Yves Le Gallou, né en 1948 ; Yvan Blot, né en 1948) a échoué à s'imposer à la tête du parti.

Ce renouveau générationnel entraîne naturellement un rajeunissement au sein des instances (quatre des neuf membres actuels du bureau exécutif ont entre 33 et 46 ans) et une incontestable évolution des mentalités. On parle de moins en moins de l'occupation allemande, de Vichy, de la déportation des juifs, de la guerre d'Algérie, mais aussi de la tradition catholique, de l'avortement, du sida ou encore de l'homosexualité. Marine Le Pen a divorcé deux fois, elle vit en concubinage avec Louis Aliot ; les références historiques et religieuses ne constituent pas la charpente de ses discours. Certes, on n'assiste pas forcément à un renouveau idéologique et culturel, mais les références, les réflexes et les obsessions, voire les mots, les corps et les vêtements, ne sont plus les mêmes. Le libéralisme culturel, l'individualisme hédoniste, une certaine décontraction, ont peu à peu pénétré l'univers du Front national, contribuant à éloigner le spectre des fascinations étranges et des transgressions violentes qu'incarnaient Jean-Marie Le Pen et certains de ses proches.

La stratégie de « respectabilisation »

Longtemps, le Front national et son leader ont senti le soufre : celui d'un passé obscur, de déclarations scandaleuses et d'ambiguïtés perverses. Les interrogatoires musclés en Algérie, la réticence à dénoncer la collaboration, la mise en doute du caractère exceptionnel de la Shoah, la mise en avant des « vertus » de l'occupation allemande ou encore les dérapages antisémites ont beaucoup contribué à éloigner du parti des citoyens qui, sans ces références inadmissibles, auraient pu passer à l'acte dans les urnes. Aujourd'hui, le souvenir laissé par les provocations de Jean-Marie Le Pen est toujours présent, mais il s'estompe, et les effets de ces dernières dans l'opinion se sont atténués. Alors qu'en 2010 seulement 18 % des personnes interrogées disent être « tout à fait ou assez d'accord avec les idées défendues par le Front national », en janvier 2013 ce pourcentage atteint 32 %[1] (cf. « La "respectabilisation" croissante du Front national », graphique 1). L'incarnation frontiste a changé de génération, de sexe et de style. L'arrivée de Marine Le Pen à la tête du parti a libéré un soutien idéologique jusqu'alors freiné par les réticences qui

---

1. *Baromètre d'image du Front national*, TNS Sofres pour France Info, *Le Monde* et Canal+, sondage effectué du 24 au 28 janvier 2013 auprès d'un échantillon national de 1 012 personnes, représentatif de l'ensemble de la population âgée de 18 ans et plus.

subsistaient envers son père et ses propos souvent scandaleux ou irrecevables. La droite classique aussi a suivi le cours de l'opinion. En leur temps, Jacques Chirac, Philippe Séguin ou Simone Veil rejetaient, parfois avec véhémence, toute forme de proximité et d'alliance avec le Front national. Aujourd'hui, les attitudes sont moins clivées et les positions moins tranchées – à l'image de celles de Jean-François Copé, de François Fillon ou de Nicolas Sarkozy.

Depuis que la nouvelle dirigeante frontiste a repris en main la communication politique et entrepris d'euphémiser les contenus discursifs les plus gênants, la prévention contre le Front national a baissé d'un cran. Le parti et son nouveau leader sont devenus plus « respectables », donc plus acceptables. Mais du chemin reste à faire. En janvier 2013, 63 % des personnes interrogées déclarent être en désaccord avec les idées défendues par le Front national – un pourcentage bien sûr élevé à gauche (83 % des électeurs de François Hollande), mais aussi au centre (76 % des électeurs de François Bayrou) et même à droite (60 % des électeurs de Nicolas Sarkozy). La « respectabilisation » a eu des effets plus nets en matière d'évaluation de la dangerosité du FN pour la démocratie : si 47 % des personnes interrogées considèrent que « le Front national représente un danger », elles ne sont plus que 43 % à partager cette opinion dans l'électorat de Nicolas Sarkozy (cf. « La "respectabilisation" croissante du Front national », graphique 2). Ce recul du rejet du Front national n'est pas sans lien avec la récupération par le parti de pans entiers du modèle républicain.

La « respectabilisation »
croissante du Front national

1) Évolution de l'adhésion aux idées du FN
(novembre 1984-janvier 2013)[1]

Question : Diriez-vous que vous êtes tout à fait d'accord, assez d'accord, plutôt en désaccord ou tout à fait en désaccord avec les idées défendues par le Front national ?

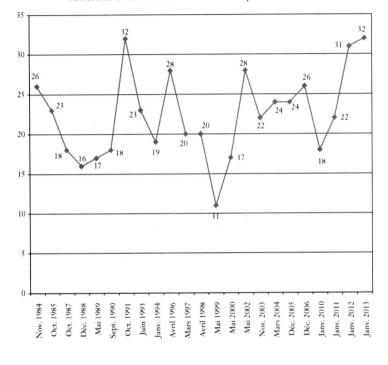

———◆——— Total d'accord

Source : Baromètres de L'image du Front national (Sofres).

1. En janvier 2010 et avant, la question posée était : « Diriez-vous que vous êtes tout à fait d'accord, assez d'accord, plutôt en désaccord ou tout à fait en désaccord avec les idées défendues par Jean-Marie Le Pen ? »

2) Évolution de la perception du FN comme « danger pour la démocratie en France » (octobre 1983-janvier 2013)[1]

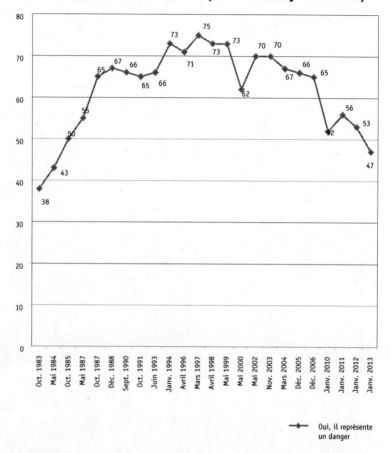

Source : Baromètres de L'image du Front national (Sofres).

_____

1. En 2010 et avant, la question posée était : « Pensez-vous que le Front national et Jean-Marie Le Pen représentent un danger pour la démocratie en France ? »

Une nouvelle donne idéologique ?

L'élargissement du vocabulaire frontiste au registre de la République, de l'État et de la laïcité commence dès 2006-2007, lorsque Jean-Marie Le Pen se porte candidat à l'élection présidentielle. Sa fille Marine, directrice stratégique de sa campagne, y joue un grand rôle. Par exemple, dans le discours de Valmy qui ouvre cette dernière, le 27 septembre 2006, toute une série de thèmes préfigurant l'ouverture idéologique d'aujourd'hui sont déjà présents. Le lieu symbolique de Valmy, « dernière victoire de la monarchie, première victoire de la République », est l'occasion d'adresser un vibrant hommage aux « combattants de 1792 », dont les militants et les électeurs du Front national seraient les « dignes héritiers ». Jean-Marie Le Pen, s'il se rend bien compte que ce choix doit étonner « certains de nos vieux compagnons », vante néanmoins les charmes d'une « République une et indivisible, fière de son histoire et assimilatrice », et appelle les Français d'origine étrangère à « se fondre dans le creuset national et républicain, avec les mêmes droits, mais aussi les mêmes devoirs ». Cette République est également parée de vertus sociales, puisqu'elle est « soucieuse des humbles, et plus que tout éprise de justice et d'égalité, celle de la République, selon notre Constitution : laïque, démocratique et sociale ». Ainsi, bien avant son accession à la tête du Front national, Marine Le Pen accompagne un mouvement d'élargissement idéologique qu'elle réussit à faire porter en partie par son père.

Ce processus visant à faire évoluer l'image frontiste s'amplifie avec le retrait du patriarche et l'arrivée d'une nouvelle génération aux commandes. Lors de l'élection primaire interne qui a précédé le XIVe congrès, les 15 et

16 janvier 2011, à Tours, les adhérents du Front national choisissent Marine Le Pen (67,6 % des voix) face à Bruno Gollnisch (32,4 %). Derrière l'affrontement des personnalités se lit l'opposition de deux orientations idéologiques : l'une, plus pragmatique et plus souple, l'emporte face à l'autre, davantage attachée à la tradition et aux éléments fondamentaux du frontisme de la première période.

Certes, dans le discours d'investiture de Marine Le Pen du 16 juin 2011, les fondements de toujours du discours d'extrême droite sont là : le ton apocalyptique (« l'état de notre pays est catastrophique », le « Tchernobyl moral »), la dénonciation des élites (« l'aveulissement de nos classes dirigeantes »), la diabolisation d'ennemis extérieurs (le « monstre européiste », la « mondialisation identicide », l'« hyper-classe mondiale », l'islamisme...), la désignation d'ennemis intérieurs (un président qui ne serait que « le gouverneur d'un protectorat américain », les « féodalités », les « communautés », les « individus déracinés »...), l'appel à une rupture salvatrice (la « grande alternative »)... Toutefois, au-delà de ces références classiques sont vigoureusement affirmés les principaux thèmes de la rénovation du Front national, destinés à le rendre plus « respectable » et intégrable dans le système démocratique et républicain.

Marine Le Pen met ainsi en avant la République, l'État, la laïcité et la Déclaration des droits de l'homme et du citoyen de 1789. Jusqu'alors, le FN se montrait plutôt hostile à l'égard de ces composantes du patrimoine politique français, hormis quelques accès de complaisance fugitifs. Avec beaucoup d'opportunisme, la nouvelle présidente du parti n'hésite pas à vanter les mérites des « hussards noirs de la IIIe République », des « grands commis de l'État », des « résistants de 40 », de Jean Jaurès... L'État « protecteur et efficace » revient à plusieurs reprises dans un discours où la puissance publique est parée de toutes les vertus : celle de se poser en « garant de la laïcité, de la prospérité et des libertés », celle de promouvoir « la solidarité et [...] l'équité », celle de défendre le « patriotisme économique » et le « patriotisme social »... En bref, l'État est mis au cœur de tout : « La clef, c'est l'État, il faut retrouver l'État » ; « L'État est devenu la colonne vertébrale de la France que nous aimons ».

Depuis, l'entreprise de réaménagement idéologique se poursuit. Elle est même approfondie dans le projet présidentiel de Marine Le Pen en 2012, repris tel quel sur le site du Front national[1]. Dans les douze engagements prioritaires de la candidate, trois éléments sont directement liés à cette réappropriation de la thématique républicaine. Le premier est la République dans sa dimension sociale, telle qu'elle a été définie dans le préambule de la Constitution de 1946 : Marine Le Pen préconise ainsi la mise en place d'une forte « revalorisation des salaires les plus modestes et des pensions de retraite ». Le deuxième est la République dans sa dimension d'État fort : la candidate rejette toute forme d'État minimal et s'engage à « rétablir de véritables services publics sur tout le territoire national ». Le troisième est la République dans sa dimension culturelle, avec la promesse « d'imposer la laïcité républicaine face aux revendications politico-religieuses ».

Tous ces aspects sont repris et développés avec insistance dans le projet actuel du Front national. Face aux défis de la crise, le parti se tourne principalement vers un État fort et stratège : « C'est naturellement l'État qui sera le fer de lance de ce réarmement de la France : un État fort capable d'imposer son autorité aux puissances

---

1. http://www.frontnational.com/le-projet-de-marine-le-pen/.

d'argent, aux communautarismes et aux féodalités locales. »
Cet État fort doit redresser les services publics, qualifiés
de « trésor national » : « Les services publics sont un vecteur essentiel de l'égalité entre les citoyens. Le redresse-
ment des services publics constitue donc un axe essentiel
du projet présidentiel. » Le ton a changé : après avoir
longtemps dénigré ceux qui faisaient – plus ou moins
bien – fonctionner les services publics, le Front national
prend acte de l'existence « d'une fonction publique de
qualité, au service de l'intérêt général », et en appelle
« au retour du sens de l'État, [...] à la passion du bien
public qui continue d'animer la conduite de nombreux
agents publics, œuvrant souvent dans la discrétion, mais
avec la farouche volonté de servir l'intérêt général ».

On voit se déployer là une vraie ardeur de néophyte,
que l'on retrouve à propos de la laïcité, pivot de la « République à la française » soudain porté aux nues. La loi de
séparation des Églises et de l'État du 9 décembre 1905 est
présentée comme un parangon d'équanimité qui « inscrit
la laïcité au cœur du projet républicain » : « [Elle] a, dans
la douleur, permis l'instauration d'un équilibre tout à
fait propre à la France et particulièrement heureux, celui
d'une laïcité à laquelle nous sommes profondément attachés. » Certes, la laïcité doit être avant tout un moyen de
« combattre le communautarisme et le fondamentalisme
islamique », mais sa fonction émancipatrice est également
fortement réaffirmée, puisque le projet frontiste rappelle :
« Aucune forme de discrimination ne [peut] être opérée
de la part de l'autorité publique sur la base de l'origine
ethnique, du sexe ou encore de l'orientation sexuelle. »

Par cet aggiornamento, le Front national de Marine
Le Pen lance une véritable OPA sur le « modèle républicain », dont on sait qu'il ne concerne pas seulement la

nature du régime, mais aussi le social, l'économique, la culture, la morale, ainsi bien entendu que les mythes et l'histoire. Tout à fait symptomatique de cette stratégie de récupération idéologique est l'utilisation dans la propagande frontiste du tableau d'Eugène Delacroix *La Liberté guidant le peuple*, symbole républicain s'il en est (cf. « L'appropriation de la symbolique républicaine par le Front national »). Véritable allégorie des journées révolutionnaires de 1830, que l'on a appelées les « Trois Glorieuses », ce tableau est même associé, dans l'iconographie frontiste, à la notion de « résistance ».

L'appropriation de la symbolique républicaine par le Front national

Tous les tabous du Front national historique semblent donc être tombés et avoir été remisés au magasin des accessoires. Jusqu'alors, la République n'était considérée que comme un élément marginal d'un héritage politique beaucoup plus vaste. En septembre 1985, Jean-Marie Le Pen l'exprimait ainsi : « Chacun, dans la classe politique, s'apprête à fêter le bicentenaire de la révolution de 1789. Pourquoi pas ? La France, c'est quatre mille ans de culture européenne, vingt siècles de christianisme, quarante rois et deux siècles de République. Le FN assume tout le passé de la France[1]. » Pendant très longtemps, le leader du FN a préféré manipuler des symboles et des référents étrangers à la tradition républicaine. La fête de Jeanne d'Arc – une fête instaurée en 1909 par l'Action française, qui y voyait un symbole du royaume de France – a été ressuscitée par le Front national. À partir de 1979, celui-ci a participé au défilé de l'Action française aux côtés des royalistes, des catholiques intégristes et des nationalistes-révolutionnaires, avant de créer son propre défilé en 1988.

Cependant, des décennies d'indifférence, voire d'hostilité, à l'égard de la République ne s'effacent pas si facilement. Au-delà de la symbolique, nombre de mesures préconisées par le FN – la « préférence nationale », rebaptisée « priorité nationale », ou encore la fin du droit du sol en matière d'accès à la nationalité – n'appartiennent pas, c'est le moins que l'on puisse dire, au patrimoine républicain français.

---

1. Jean-Marie Le Pen, « Pour une vraie Révolution française », *National-Hebdo*, n° 62, 26 septembre 1985.

La mise sous influence d'une partie de la droite

Pendant une bonne partie de son histoire, émaillée par des incidents récurrents, le Front national a été tenu en lisière de la « droite républicaine ». Pourtant, lorsqu'il sort de l'anonymat à l'occasion des élections municipales partielles de Dreux, en septembre 1983, les positions sont loin d'être bien définies. La fusion, entre les deux tours, de la liste RPR-UDF et de celle du Front national, qui permet la victoire de cette dernière contre la liste de la maire socialiste sortante, n'est pas dénoncée par l'ensemble des forces de la droite classique. Si Simone Veil et Bernard Stasi font part de leur désapprobation, Jacques Chirac minimise le rapprochement, précisant qu'il n'aurait « pas du tout été gêné de voter pour la liste RPR-FN au second tour ». Pour lui, « cela n'a aucune espèce d'importance d'avoir quatre pèlerins du FN à Dreux comparés aux quatre ministres communistes au Conseil des ministres[1] ». De nombreuses figures de la droite républicaine d'alors tiennent le même type de raisonnement – Bernard Pons, Michel Poniatowski, Jean-Claude Gaudin ou encore Alain Juppé. Ce n'est qu'avec la montée en puissance du Front national qu'une stratégie de « front républicain » se met peu à peu en place. Le principe est d'appeler à un rassemblement de tous les partis au second tour, ou lors de l'élection des exécutifs, afin de faire barrage au FN. Il connaît toutefois des exceptions à de multiples reprises : dans cinq régions lors de l'élection des exécutifs régionaux en 1986, dans deux départements (les Bouches-du-Rhône

---

1. Franz-Olivier Giesbert, *La Tragédie du président. Scènes de la vie politique 1986-2006*, Paris, Flammarion, 2006, p. 37-38.

et le Var) lors des élections législatives de 1988, dans une région en 1992, dans une dizaine de circonscriptions lors des élections législatives de 1997.

C'est à l'occasion des élections régionales de 1998 que la question des alliances fait vraiment irruption sur la scène nationale. Dans cinq régions, la droite se maintient au pouvoir grâce à l'apport de voix de conseillers FN. Le président de la République, Jacques Chirac, et des leaders du RPR (Philippe Séguin) et de l'UDF (François Bayrou) condamnent cette alliance et excluent les « coupables »[1]. Le choc de 1998 entraîne un renforcement de la stratégie de front républicain, qui trouve une application à l'échelle nationale au second tour de l'élection présidentielle de 2002. De la Ligue communiste révolutionnaire aux centristes en passant par le Parti socialiste et le Parti communiste, toute la classe politique appelle alors à faire battre le candidat du FN en votant Jacques Chirac.

Une véritable culture du front républicain s'installe, et la droite républicaine campe sur son refus de tout compromis direct ou indirect avec le Front national aux élections régionales de 2004. Cette position est d'autant plus facile à tenir que le FN, ces années-là, semble soumis à une concurrence implacable, celle de Sarkozy, dont l'objectif est de ramener dans le giron républicain une grande partie des électeurs frontistes dans la perspective de 2007. Cependant, avec le regain du Front national dans les urnes aux élections régionales de 2010 et l'arrivée de Marine Le Pen en 2011, la droite

---

1. Sont ainsi exclus de l'UDF Charles Millon, Jacques Blanc et Charles Baur, élus à la présidence respectivement des régions Rhône-Alpes, Languedoc-Roussillon et Picardie avec les voix de conseillers régionaux du Front national.

classique se retrouve à nouveau sous pression électorale et idéologique. Le principe du front républicain et son efficacité sont remis en cause. Dès les élections cantonales de mars 2011, le Front national atteint un haut niveau d'influence. Les candidats du parti de Marine Le Pen rassemblent 15,2 % des suffrages exprimés dans un scrutin qui, traditionnellement, leur est défavorable. Le Front national peut se maintenir dans 394 cantons (dont 241 sont le théâtre d'un affrontement gauche-FN), et le débat de l'entre-deux-tours se focalise sur l'attitude de la droite par rapport au parti frontiste.

Car la droite est divisée. Le secrétaire général de l'UMP, Jean-François Copé, laisse les électeurs de l'UMP « libres de leur choix », refusant et le vote FN, et le front républicain. Cette stratégie du « ni ni » – ni Front national ni gauche – est aussi celle du président de la République, Nicolas Sarkozy. En revanche, pour le Premier ministre, François Fillon, « là où il y a un duel entre le PS et le FN, nous devons d'abord rappeler nos valeurs et rappeler que nos valeurs ne sont pas celles du Front national ».

Cette rupture est révélatrice non seulement de la pression électorale que le Front national fait peser sur l'UMP, mais aussi des glissements idéologiques que cette dernière a enregistrés sous le quinquennat de Nicolas Sarkozy. En effet, la société française, comme nombre de ses voisines européennes, connaît un processus de « droitisation » des valeurs sur différents terrains – l'immigration, l'insécurité ou encore le libéralisme économique, avec la dénonciation de l'assistanat. C'est ce qu'attestent notamment le lancement du débat sur l'identité nationale en novembre 2009 et le discours de Nicolas Sarkozy sur la sécurité et l'immigration à Grenoble le 30 juillet 2010. Le président de la République y propose d'étendre les motifs de la déchéance de nationalité pour les personnes d'origine étrangère et dénonce les « conséquences de cinquante années d'immigration insuffisamment régulée qui ont abouti à un échec de l'intégration ».

Au sein de la droite de gouvernement, l'attitude à adopter par rapport au Front national fait débat, mais incontestablement les idées de ce parti gagnent du terrain. En juillet 2010, La Droite populaire s'organise comme courant au sein de l'UMP. Un de ses membres, le député du Nord Christian Vanneste, déclare le 6 octobre 2010 au micro de Radio Courtoisie : « L'alliance avec ce qui est à notre droite est tout à fait possible. » La campagne présidentielle de Nicolas Sarkozy en vue de l'élection de 2012 se fera donc sur des thèmes droitiers. La révision des accords de Schengen, le renforcement de la répression pénale, la présomption de légitime défense ou encore l'affirmation de la compatibilité du Front national avec la République s'entrechoquent, révélant un véritable effet de mimétisme et de contamination.

Ce phénomène n'est pas entièrement nouveau, mais il s'est déplacé des franges droitières de l'UDF (Jacques Blanc, Charles Millon, Jean-Claude Gaudin, Jean-Pierre Soisson, Charles Baur…) vers l'UMP. Plus qu'à une évolution vers une « droite décomplexée[1] », on assiste à une mutation idéologique plus profonde qui débouche sur la radicalisation de certains pans de la droite classique. En témoigne le succès rencontré par La Droite forte, autre courant de l'UMP créé en juillet 2012 par Guillaume Peltier, un ancien militant du Front national passé par le MNR de Bruno Mégret et par le Mouvement pour

---

1. Jean-François Copé, *Manifeste pour une droite décomplexée*, Paris, Fayard, 2012.

la France de Philippe de Villiers. Ce courant, porteur d'une nostalgie sarkozyste et reflet du déplacement du centre de gravité idéologique de l'UMP, s'est constitué autour de quelques idées forces lapidaires : l'assistanat, les fraudes, le patriotisme, les racines chrétiennes et l'identité... Le 18 novembre 2012, sa motion est arrivée en tête des six motions soumises au vote des adhérents à l'occasion du congrès de l'UMP[1].

D'aucuns parlent aujourd'hui d'un processus de « frontisation » de toute une famille politique dont les élites souffrent d'un fort discrédit et qui peine à définir un nouveau cap[2]. L'évolution de la position de François Fillon face au Front national est assez emblématique à cet égard. En juin 2012, il souligne qu'il appellera « toujours à voter contre le FN », héritier « d'une extrême droite qui a toujours combattu la droite française ». « Cette famille a juste tenté d'assassiner le général de Gaulle, poursuit-il. Je ne peux pas l'oublier. » Pourtant, un an plus tard, il indique que, dans le cas de duels gauche-FN aux municipales, il conseillera « aux électeurs de choisir le moins sectaire des candidats ». Interrogé le 8 septembre 2013 sur la question de savoir si un candidat socialiste peut être plus sectaire qu'un candidat Front national, il précise : « Cela peut arriver. Je ne dis pas que c'est toujours le cas, mais ça peut arriver. »

Le Front national, du fait de sa relative normalisation, mais aussi de la radicalisation de l'UMP, est aujourd'hui au cœur du dispositif des droites françaises. Cette évolution relativement récente lui ouvre un large espace de

---

1. www.ladroiteforte.com/actualites/article/notre-motion.
2. Marika Mathieu, *La Droite forte, année zéro. Enquête sur les courants d'une droite sans chef*, Paris, La Martinière, 2013.

progression, dans la mesure où les frontières idéologiques et partisanes entre les différentes familles de la droite deviennent de plus en plus poreuses. La disparition d'une génération d'hommes politiques qui s'était formée dans les débats de l'immédiat après-guerre, associée à l'évanescence du gaullisme, opposant irréductible à l'extrême droite, a contribué à cette lente dérive vers « la droite de la droite », réduisant la distance entre droite de gouvernement et extrême droite.

La nationalisation de l'influence frontiste

Longtemps, le Front national a surtout rencontré un écho dans la moitié de la France située à l'est d'une ligne Le Havre-Perpignan, que l'on pouvait qualifier de « France des inquiétudes urbaines ». Puis, peu à peu, son message s'est diffusé vers les campagnes et les périphéries, ainsi que vers la France du centre et de l'ouest. En 1988, Jean-Marie Le Pen dépassait la barre des 15 % de suffrages exprimés dans 32 des 96 départements de la France métropolitaine ; en 2012, Marine Le Pen franchit cette barre dans 78 départements. Aujourd'hui, il n'existe plus à proprement parler de « terres de mission » pour le Front national. Il recueille au moins 10 % des suffrages dans l'ensemble des départements de la France métropolitaine, à l'exception de Paris (6,2 %) et des Hauts-de-Seine (8,5 %), deux départements emblématiques des « beaux quartiers ».

Dans ces conditions, on peut dire que le Front *national* mérite plus que jamais son épithète. Tous les territoires – urbains, « rurbains », ruraux – sont touchés, ainsi que la totalité des régions, quelle que soit leur culture politique.

La droite profonde de l'Ouest, la culture radicale et socialiste du Sud-Ouest, la vieille tradition de gauche laïque et athée du Centre, qui avaient pu constituer une résistance dans les années 1980, représentent aujourd'hui de bien faibles barrages face à la poussée frontiste. Dans les villes moyennes comme dans les villages ou les grandes métropoles, dans les campagnes comme dans les banlieues, dans l'est comme dans l'ouest, le nord ou le sud de l'Hexagone, le message de Marine Le Pen rencontre un écho. En diversifiant son offre idéologique, en soignant sa présentation, en substituant un visage féminin jeune et souriant au faciès plus rugueux de son fondateur, le Front national a su se gagner les faveurs de nouvelles terres, peu marquées par l'urbanisation rapide et concentrée des années 1950 à 1970, mais en proie au brouillage des frontières entre l'urbain et le rural.

La ville s'étale, les mobilités quotidiennes s'intensifient, les coûts s'accroissent, la colère de l'*Homo suburbanus* monte, et le Front national progresse. Le désengagement de l'État, la crise agricole et la chute des revenus dans les zones rurales répandent le malaise jusqu'au cœur des campagnes. L'*Homo ruralis* se sent de plus en plus menacé dans son statut de minorité, aujourd'hui marginale au sein de la population active, et cède ici ou là à la tentation lepéniste. Les bons scores réalisés par Marine Le Pen dans des départements jusqu'alors rétifs, comme la Mayenne, l'Orne, le Calvados, l'Eure, le Cantal, la Creuse, la Haute-Loire ou encore le Tarn, révèlent sa capacité à capter ce malaise du monde rural et rurbain et à nationaliser l'influence de son parti. Le Front national est aujourd'hui désenclavé idéologiquement et territorialement. Cette pénétration territoriale participe à sa légitimation en tant qu'acteur politique national de premier rang.

Le malaise dans la globalisation

Les enquêtes internationales montrent que la France est un des pays les plus allergiques au processus de mondialisation, a fortiori depuis le déclenchement de la crise financière, en 2008. Celle-ci a donné naissance, comme dans d'autres pays du monde, à des anticipations marquées au coin d'un profond pessimisme. Selon l'*Eurobaromètre* du printemps 2012[1], 59 % des Français interrogés estiment que, en matière d'impact de la crise sur le marché de l'emploi, « le pire reste à venir ». Le pessimisme face aux conséquences de la crise semble être « la chose du monde la mieux partagée ». Dans toutes les classes d'âge et dans tous les milieux sociaux, il est majoritaire. Il atteint son acmé (71 %) chez ceux qui considèrent que « la mondialisation n'est pas une opportunité ».

Pour comprendre la manière dont les Français et, plus généralement, les Européens appréhendent la crise, l'Europe et le monde, le critère de l'attitude globale vis-à-vis de la mondialisation est souvent plus discriminant que le genre, l'âge ou le milieu social[2]. Les pays européens qui ont une lecture très négative de la mondialisation figurent en tête du hit-parade du pessimisme à l'égard de la crise. Ainsi, les populations de la Grèce, du Portugal, de la Roumanie, de la Lettonie, de l'Italie, de l'Espagne et de la France perçoivent très

1. *Eurobaromètre standard*, n° 77, « Les Européens, l'Union européenne et la crise », printemps 2012.
2. Les données d'opinion relatives à la perception de la mondialisation sont extraites de l'*Eurobaromètre standard*, n° 73, « L'opinion publique dans l'Union européenne », novembre 2010.

négativement les effets de la crise sur la situation des ménages, et, simultanément, considèrent que la mondialisation n'est pas une « opportunité de croissance économique ». Quand 56 % des personnes interrogées en Europe estiment que la mondialisation « représente une opportunité de croissance économique », 44 % des Français seulement partagent cette opinion. Seuls les Grecs sont encore moins nombreux à le faire, ce que la banqueroute de leur économie peut aisément expliquer. Les Français, avec tous les pays qui sont le plus gravement touchés par la crise économique et financière (la Grèce, le Portugal, l'Italie, l'Espagne), se démarquent ainsi très nettement des pays d'Europe du Centre et du Nord, où la vision de la mondialisation comme vecteur de croissance économique est beaucoup plus répandue. En effet, pour 87 % des Danois, 82 % des Suédois, 76 % des Néerlandais, 71 % des Finlandais, 70 % des Hongrois, 68 % des Slovaques, 64 % des Estoniens, 63 % des Belges et des Allemands et 62 % des Britanniques, « la mondialisation représente une opportunité de croissance économique ».

Cette inquiétude française trouve un écho dans les discours apocalyptiques de Marine Le Pen au sujet des effets de la mondialisation, qu'elle appelle « totalitarisme mondialiste » : « C'est une idéologie dont l'objectif est d'effondrer toutes les structures naturelles qui rassurent les hommes : la famille, les nations, les frontières, l'appartenance à une histoire. Pour suggérer une espèce d'*Homo economicus* individualiste qui devrait se résumer à ses qualités de producteur et de consommateur. Cela va profondément à l'encontre de la nature humaine. D'où l'inquiétude qui pousse les gens à se recroqueviller dans un réflexe tribal : le quartier, la religion, l'origine, etc.[1]. »

´ Pour capter ce désarroi, le Front national se livre à une véritable diabolisation de la mondialisation. Selon Marine Le Pen, celle-ci consiste à « faire fabriquer par des esclaves pour vendre à des chômeurs[2] ». Dans un discours prononcé le 1er mai 2013, la présidente du Front national déroule la litanie des tares de la mondialisation : « Cette mondialisation ultralibérale défait la nation, le meilleur rempart des plus dépourvus d'entre nous et le meilleur atout des plus entreprenants. Cette mondialisation sauvage veut des individus réduits au rôle de producteurs-consommateurs. Elle veut balader les peuples d'un continent à l'autre, les considérer comme une main-d'œuvre transportable et malléable à merci ! Cette mondialisation ultralibérale veut des individus enfermés dans de multiples communautés hostiles entre elles. Cette mondialisation sauvage veut le choc des civilisations, abrutissant les individus par des idéologies extrémistes, fondamentalistes et meurtrières, pour qu'ils oublient leur conscience politique et leur humanisme ! Pour qu'ils oublient ce que c'est d'être un homme, ce que c'est de vouloir vivre en paix, en prospérité avec le reste de l'humanité ! Cette mondialisation ultralibérale défait l'école de la République, le meilleur outil de l'égalité des chances. Cette mondialisation ultralibérale détruit la famille, cellule de base de notre société et meilleur refuge contre les aléas de la vie. Alors oui, si

---

1. « Marine Le Pen : "La mondialisation va profondément à l'encontre de la nature humaine" », Le Point.fr, 9 mars 2012, http://www.lepoint.fr/politique/election-presidentielle-2012/marine-le-pen.
2. Matinale de France Inter, 30 octobre 2013.

vous voulez nous définir, dites que nous sommes en lutte contre la mondialisation sauvage ! »

La mondialisation serait donc à l'origine de tous les maux, économiques, sociaux, culturels, politiques et même sanitaires. Elle constituerait un véritable drame économique, puisqu'elle aurait « détruit 63 % des emplois industriels en France depuis 2000 ». Elle serait également le vecteur essentiel des délocalisations qui fragilisent les secteurs agricole et industriel, mais aussi celui des services. Elle alimenterait de manière inexorable une immigration porteuse de communautarismes belliqueux. Le 17 mars 2012, dans un discours prononcé à Ajaccio, Marine Le Pen dénonce « l'uniformisation culturelle mondialiste encouragée par l'oligarchie ». Ce nivellement araserait non seulement notre culture nationale, mais aussi les identités régionales, auxquelles la présidente du FN prête soudainement la capacité de résister à l'homogénéisation, déclarant ainsi : « À travers la préservation de sa langue et de sa culture, la Corse est entrée en résistance contre la culture mondialiste. » Marine Le Pen dénonce pêle-mêle le G8, le G20, l'Organisation mondiale du commerce et le Fonds monétaire international, qu'elle voue aux gémonies pour n'être, à ses yeux, que les manifestations d'une « gouvernance mondiale qui amène le malheur et le chaos ». Enfin, les risques sanitaires liés à la mondialisation sont montés en épingle, à l'image des dossiers de la grippe aviaire ou du retour de la tuberculose en France. Les mesures de « patriotisme économique » et de « protection aux frontières » préconisées par le Front national sont donc censées répondre à toutes ces angoisses suscitées par la mondialisation.

Face à ce monde globalisé où il est de plus en plus difficile pour la France, pays doté depuis toujours d'une vocation universaliste, de se contenter d'une position relativement dominée, Marine Le Pen n'hésite plus à se réclamer de l'universalisme de la Déclaration des droits de l'homme et du citoyen de 1789. Dès le début de son premier discours de présidente, à Tours, en janvier 2011, elle en cite l'article 2 : « Le but de toute association politique est la conservation des droits naturels et imprescriptibles de l'homme. Ces droits sont la liberté, la propriété, la sûreté et la résistance à l'oppression. » On est bien loin de son père, qui, lors de la célébration du bicentenaire de la Révolution française, en 1989, avait déclaré : « [La] Déclaration des droits de l'homme marque le début de la décadence de la France, le rejet de l'ordre naturel et divin[1]. »

Marine Le Pen peut d'autant plus facilement exploiter les frustrations liées au modèle universaliste français que celui-ci est caractérisé par une forte identité nationale se montrant néanmoins relativement inapte à résorber la diversité dans l'unité. Comme le note Mona Ozouf, la nation politique à la française est « sûre d'elle-même et dominatrice, [et] n'a jamais été amicale pour la nation culturelle ». Pour cette nation, tout pluralisme est « soit un archaïsme esthétique, soit une subversion politique[2] ». Souvent allergique à la diversité intérieure, la France l'est tout autant à la diversité extérieure, l'altérité étant vécue comme une menace contre son identité même.

---

1. Discours de Jean-Marie Le Pen à La Trinité-sur-Mer, 26 août 1989.
2. Mona Ozouf, *Composition française. Retour sur une enfance bretonne*, Paris, Gallimard, 2009, p. 14.

Or la mondialisation est porteuse d'une grande diversité culturelle, économique, financière, juridique, politique...

Le nationalisme frontiste est particulièrement bien adapté à cette allergie française. Par exemple, en avril 2013, Marine Le Pen a fait campagne pour le non lors du référendum portant sur la fusion des conseils généraux du Bas-Rhin et du Haut-Rhin avec le conseil régional d'Alsace pour donner naissance à une unique collectivité territoriale d'Alsace. Selon elle, ce nouveau dispositif « remettrait en cause l'unité même de la nation » et participerait au « détricotage de la France ». Quant à la diversification extérieure engendrée par la mondialisation, elle est stigmatisée comme portant en elle non seulement « le règne absolu de la finance », la « dissolution voulue des États-nations, de leur vocation protectrice », les « délocalisations et le chômage de masse », mais aussi « la disparition des frontières migratoires » et le développement du « communautarisme ». Dénoncé hier en raison de ses fondements ethniques et de la dispersion culturelle qu'il entraînait, le communautarisme est aujourd'hui davantage rejeté en raison de ses bases religieuses. De plus en plus, le Front national délaisse la diabolisation du « métissage culturel et ethnique » pour se focaliser sur le registre religieux, et notamment sur le communautarisme musulman et ses dérives.

La montée en puissance du thème de l'islamisme

La question de l'islam n'a pas toujours été au cœur des préoccupations du Front national. En 1958, Jean-Marie Le Pen trouvait même de nombreuses vertus à cette religion lorsqu'il s'agissait de défendre le maintien de l'Algérie française devant l'Assemblée nationale : « Ce qu'il faut dire aux Algériens, ce n'est pas qu'ils ont besoin de la France, mais que la France a besoin d'eux. C'est qu'ils ne sont pas un fardeau ou que, s'ils le sont pour l'instant, ils seront au contraire la partie dynamique et le sang jeune d'une nation française dans laquelle nous les aurons intégrés. J'affirme que dans la religion musulmane rien ne s'oppose au point de vue moral à faire du croyant ou du pratiquant musulman un citoyen français complet. Bien au contraire, sur l'essentiel, ses préceptes sont les mêmes que ceux de la religion chrétienne, fondement de la civilisation occidentale. D'autre part, je ne crois pas qu'il existe plus de race algérienne que de race française. »

On est abasourdi à la lecture de ces propos, mais il faut se rappeler que, à l'époque, l'Algérie n'était qu'un prolongement de la France métropolitaine constitué de quatre départements, et maintenir ceux-ci dans le giron national exigeait certaines professions de foi quelque peu opportunistes. Lorsque le Front national est créé, au début des années 1970, on ne trouve aucune référence à l'islam dans ses documents officiels. En revanche, même si elle n'est pas encore centrale, la question de l'immigration est présente. Évoquée dans les brochures électorales du parti en 1973-1974, elle prend de l'importance à la fin des années 1970, puis s'installe au cœur du dispositif. Une affiche de propagande proclame alors : « Un million de chômeurs, c'est un million d'immigrés en trop. La France et les Français d'abord ». Au-delà du chômage, l'immigration est peu à peu érigée en cause de toutes les difficultés économiques (déficits), sociales (insécurité, repli communautaire, maladies comme le sida ou la tuberculose…) et politiques (ennemis de l'intérieur, fin de la souveraineté nationale…). Ciblant avant tout les immigrés d'origine nord-africaine et en provenance des anciennes colonies françaises, la vision frontiste développe l'idée selon laquelle l'immigration serait l'envers d'un paternalisme colonial déçu. Les filles et les fils « ingrats » dont les pères ont rejeté le lien avec une « France coloniale généreuse » sont stigmatisés. Ce discours charriant un racisme et une xénophobie ordinaires, une déception face à un rêve colonial avorté et une allergie à une différence culturelle trop forte sera celui du FN de Jean-Marie Le Pen pendant trente ans. Mais le thème de l'islam n'est pas encore central. L'immigration est dénoncée pour ses coûts économiques et sociaux, pour ses effets sur la délinquance et l'insécurité, pour les problèmes de santé publique qu'elle aggraverait et parce qu'elle donne naissance à de véritables ghettos, foyers de violences urbaines. Certes, le fait que nombre d'immigrés viennent de pays musulmans peut nourrir des fantasmes d'invasion et la crainte d'un « choc des cultures ». Mais, lorsqu'elle existe, la dénonciation de l'islam reste très liée à l'idée d'un conflit de religions – chrétienté contre islam. Avec la mise en avant de la notion de laïcité, Marine Le Pen étend la mobilisation anti-islamiste au-delà de cette dimension et se place sur le terrain des antagonismes de culture et de civilisation irréductibles. Le thème de la défense des valeurs chrétiennes parlait aux électeurs de droite ; celui de la défense des valeurs laïques s'adresse aux électeurs de gauche.

Le discours sur l'immigration et l'islam connaît donc une nette inflexion avec l'arrivée de nouvelles générations frontistes, moins concernées par la période coloniale que par les attentats du 11 septembre. Sans disparaître, le thème de l'immigration cède du terrain à celui de l'islamisme. La religion musulmane et ses dérives commencent à incarner l'ennemi politique par excellence, contre lequel se mobilisent les inquiétudes et les énergies. Depuis 2001, la tonalité anti-islamiste du nationalisme FN s'est beaucoup accentuée. Le phénomène est européen : en témoignent par exemple le résultat du référendum suisse sur la construction de minarets (57,5 % des suffrages en faveur d'une interdiction) le 29 novembre 2009, les déclarations de Geert Wilders, fondateur du Parti pour la liberté néerlandais, sur l'incompatibilité de l'islam avec les droits des femmes et des homosexuels, ou encore le débat tonitruant en 2010 en Allemagne autour des propos du responsable socialiste Thilo Sarrazin sur l'impossible intégration des musulmans, dans son ouvrage *L'Allemagne disparaît*[1].

Marine Le Pen, après avoir, dans son discours de Tours de janvier 2011, laissé entendre que l'Europe et la France étaient menacées de devenir des « califats », c'est-à-dire des territoires soumis à un pouvoir spirituel et temporel musulman, continue d'exploiter le filon. Au Front national, l'immigration est désormais perçue avant tout à travers le filtre de la radicalisation religieuse. Dans un entretien accordé le 3 avril 2013 à *Zaman*, hebdomadaire franco-turc, Marine Le Pen explique : « Il y a toujours eu des musulmans en France. Mais la majorité des musulmans sont arrivés ces trente dernières années. Je ne peux que regretter que cette immigration se fasse sur la base d'une radicalisation religieuse. » Dans son esprit, cette immigra-

---

1. Thilo Sarrazin, *L'Allemagne disparaît*, Paris, Éditions du Toucan, 2013. L'ouvrage s'est vendu à plus de deux millions d'exemplaires en Allemagne.

tion en provenance des pays musulmans est inassimilable dans la mesure où elle est porteuse d'une inévitable radicalisation religieuse. L'islam est perçu dans sa dimension d'altérité radicale : « Il n'y a pas d'"islam de France" mais un "islam en France" », précise encore Marine Le Pen à l'hebdomadaire. Elle va même jusqu'à assimiler les prières de rue des musulmans à une occupation étrangère : « Je suis désolée, mais pour ceux qui aiment beaucoup parler de la Seconde Guerre mondiale, s'il s'agit de parler d'occupation, on pourrait en parler, pour le coup, parce que ça c'est une occupation du territoire[1]. »

Si le communisme était l'ennemi numéro un du Front national dans les années 1970, l'immigration, le bouc émissaire des années 1980 jusqu'au début des années 2000, l'islam et ses dérives ont pris le relais. La séquence terroriste ouverte par les attentats du 11 septembre, leurs échos directs sur le sol français et européen (attentats de Londres en mars 2004, attentats de Madrid en juillet 2005, affaire Mohamed Merah en France en mars 2012), l'omniprésence de l'islamisme radical jusque dans les « révolutions arabes », les multiples polémiques autour du port du voile, de la burqa ou du commerce hallal, tout cela entretient l'idée d'un islam incompatible avec la société française. L'instrumentalisation de la notion de laïcité permet au Front national de « désethniciser » la question et de présenter l'islam et ses déviations comme un péril pour le modèle républicain lui-même, et non plus seulement pour les Français dits « de souche ». C'est donc bien sur le terrain des valeurs et des normes que s'effectue désormais la récusation de l'islamisation, avec des arguments qui ne sont pas ceux

---

1. Déclaration de Marine Le Pen à Lyon le 10 décembre 2010.

du racisme et de la xénophobie, jadis utilisés par Jean-Marie Le Pen, mais ceux de la lutte contre le sexisme, contre l'homophobie ou pour le respect des droits des femmes. Comme le note Pierre-André Taguieff : « Telle est la grande nouveauté des néo-populismes de droite européens : ils récusent l'influence politique et culturelle de l'islam en raison de la menace que celle-ci ferait peser sur les droits individuels post-matérialistes et la laïcité[1]. » Cette stratégie consistant à faire de l'islam et de sa dérive islamiste un repoussoir rencontre un véritable écho dans la société française, bien au-delà des clientèles traditionnelles de la droite extrême. Le Front national se contente d'incarner la version radicale d'un anti-islamisme largement partagé : 74 % des Français considèrent que la religion musulmane pratiquée en France n'est « pas tolérante », 74 % qu'elle « n'est pas compatible avec les valeurs de la société française », 80 % qu'elle « cherche à imposer son mode de fonctionnement aux autres », et 77 % que la question de l'intégrisme religieux en France est « un problème de plus en plus préoccupant dont il faut s'occuper sérieusement[2] ».

Le Front national s'est ainsi adapté à l'évolution des peurs et des inquiétudes françaises. Au-delà des permanences qui l'inscrivent dans le temps long de la vie politique, il a su, au cours des dernières années, s'adapter à l'« air du temps », en particulier celui ouvert par la crise

---

1. Pierre-André Taguieff, *Le Nouveau National-Populisme*, Paris, CNRS Éditions, 2012, p. 26.
2. Enquête Ipsos pour *Le Monde*, la Fondation Jean-Jaurès et le Cevipof, janvier 2013 (sondage réalisé du 9 au 15 janvier auprès de 1 016 personnes constituant un échantillon représentatif de la population française âgée de 18 ans et plus).

des années 2008-2009. Son message, ses axes thématiques et son style se sont sensiblement modifiés et lui permettent aujourd'hui d'aller à la rencontre des principales fractures qui traversent la société française.

Troisième partie

Les cinq fractures

Les forces politiques trouvent leur ancrage dans les clivages qui traversent les sociétés. Quand ces conflits sont suffisamment marqués, ils déterminent les conditions de fonctionnement de leur système politique, et particulièrement la nature des partis, leur nombre et les attachements qu'ils suscitent au sein de l'électorat[1]. Bien des partis contemporains, qu'ils soient nationaux ou régionaux, laïcs ou religieux, sont issus des grands conflits des xviiie, xixe et xxe siècles – les révolutions nationales, les affrontements entre un centre édificateur d'une culture nationale et des périphéries cherchant à défendre leurs spécificités, la bipartition du pouvoir entre l'État et les institutions religieuses, etc. De même, la révolution industrielle a fait naître des partis ouvriers et des partis bourgeois, des partis tournés vers l'entreprise industrielle et d'autres vers la défense des intérêts ruraux. Mais, dans les sociétés postindustrielles en perpétuel mouvement, on assiste à une crise des clivages anciens – les politologues parlent de « dégel » des clivages – et à l'apparition de nouvelles lignes de faille qui produisent

---

1. Seymour M. Lipset, Stein Rokkan, *Structures de clivages, systèmes de partis et alignement des électeurs : une introduction* [1967], Bruxelles, Éditions de l'Université de Bruxelles, 2008.

de nouvelles forces politiques, parmi lesquelles le Front national.

Aujourd'hui, cinq fractures jouent un rôle décisif dans la dynamique retrouvée de ce parti. La première est de nature économique : elle oppose, dans une Europe en crise fortement touchée par la mondialisation, ceux qui considèrent qu'ils sont victimes de la modernisation économique et ceux qui cherchent à valoriser celle-ci pour faire bouger le système économique. La deuxième relève de choix sociétaux : elle met aux prises ceux qui épousent et cherchent à amplifier le mouvement d'ouverture internationale qui a saisi la société française et ceux qui veulent un retour à des orientations plus nationales et protectionnistes. La troisième a trait au processus de libéralisation des normes et des valeurs que connaît la société française depuis la fin des années 1960 : elle place face à face ceux qui considèrent que le libéralisme culturel[1] doit aller plus loin et ceux qui jugent que le moment est venu d'y mettre un coup d'arrêt et de revenir à des référents plus traditionnels. La quatrième s'enracine dans la géographie et ses mutations. Les flux de population et la recomposition des activités économiques ont amplifié des phénomènes de périurbanité et de néoruralité qui contribuent à un morcellement des

---

1. L'expression de libéralisme culturel a été forgée en France dans les années 1980 par Gérard Grunberg et Étienne Schweisguth pour désigner un ensemble d'attitudes hédonistes et antiautoritaires. Dans l'ambiance de la période postérieure à mai 1968, il s'agissait de désigner un ensemble de valeurs exprimant un rejet du système de valeurs traditionnel de l'époque dans le domaine des questions de société. Cf. Gérard Grunberg, Étienne Schweisguth, « Libéralisme culturel, libéralisme économique », *in* Cevipof, *L'Électeur français en questions*, Paris, Presses de Sciences Po, 1990.

territoires. Ce clivage oppose de plus en plus des pôles de centralité urbaine à des territoires périphériques plus ou moins déclassés. Enfin, la cinquième fracture relève de la sphère politique et se nourrit de la montée d'un fort sentiment de défiance vis-à-vis du politique. Elle s'organise autour de partis qui soit continuent de se référer à une « culture de gouvernement », soit développent une « culture antisystème » et tentent de trouver un débouché politique au mouvement général et diffus de rejet de la politique.

La fracture économique : les « perdants de la modernisation »

Le basculement du centre de gravité du monde, le surgissement des Bric (Brésil, Russie, Inde, Chine) et des pays émergents, se traduisent depuis une dizaine d'années par des pertes de rang économique pour l'Europe et la France. En France, les conséquences de la crise économique et financière de 2008 sont lourdes : le taux de croissance moyen du PIB est passé de 1,82 % dans les années 2001-2007 à 0,13 % dans les années 2008-2011 ; la balance commerciale accuse un déficit de 67 milliards d'euros en 2012 ; le niveau des dépenses publiques avoisine les 57 % du PIB la même année (un record) ; la dette publique s'établit, à la fin du premier trimestre 2013, à presque 92 % du PIB ; les performances de compétitivité se dégradent ; le chômage touche 10,5 % de la population active en septembre 2013 ; le taux de pauvreté a augmenté sensiblement au cours de la dernière décennie et les inégalités se sont creusées. Autant de facteurs qui créent une fracture durable entre les « perdants » et les « gagnants » de la modernisation et de la globalisation[1].

Car les conséquences de ce phénomène ne sont pas les mêmes pour tous les membres de la communauté nationale. De nouvelles disparités sont apparues ou se sont accentuées au sein de la société française. Se considérant comme des victimes de la modernisation, 79 % des électeurs de Marine Le Pen pensent que la mondialisation est un danger pour la France « parce qu'elle menace ses entreprises et son modèle social[2] ». Dans aucun autre électorat la perception de la mondialisation n'est aussi négative. Seuls les électeurs de Jean-Luc Mélenchon développent, sur un mode légèrement mineur, une semblable aversion, à hauteur de 70 %.

Cette grille de lecture de la mondialisation est, comme nous l'avons vu, omniprésente dans le discours de la présidente du FN. Le clivage qu'elle dénonce est d'une nature nouvelle ; il ne se superpose pas aux anciens clivages politiques, mais au contraire les traverse et les bouleverse. Sur les enjeux de la globalisation économique et de l'internationalisation du capitalisme comme sur leurs conséquences, le Front national et le Front de gauche véhiculent souvent des mots d'ordre assez proches et peuvent jouer sur les mêmes perceptions et les mêmes rejets d'une population de plus en plus craintive et déboussolée. Bien au-delà de l'opposition classique entre la gauche et

---

1. Pour une définition précise de ces catégories, on se reportera à la note accompagnant le tableau « Les gagnants et les perdants de la modernisation », p. 112. Voir aussi Hanspeter Kriesi *et al.*, *West European Politics in the Age of Globalization*, Cambridge, Cambridge University Press, 2008.

2. *Enquête post-électorale de l'élection présidentielle 2012*, Cevipof, *op. cit.*

la droite, on voit s'établir une profonde dichotomie entre ceux qui se considèrent comme les « perdants » de la modernisation, se sentant menacés par l'érosion des frontières et des protections nationales, et ceux qui se perçoivent comme les « gagnants » de ce processus, qui accroît leurs opportunités et leur horizon de développement. Zygmunt Bauman a montré que, à l'âge de la globalisation, la mobilité devient un élément essentiel de la stratification sociale, départageant ceux qui sont mobiles parce qu'ils contrôlent suffisamment de ressources culturelles et économiques pour s'adapter à ce processus, et ceux qui ne le sont pas car ils manquent de telles ressources[1]. Les trois quarts (75 %) des « perdants de la modernisation » reconnaissent qu'ils « s'en sortent difficilement avec les revenus de leur foyer » (contre seulement 26 % des « gagnants ») ; 34 % d'entre eux seulement vivent dans des villes de plus de 100 000 habitants (contre 49 % des « gagnants »), et 42 % seulement déclarent avoir de l'intérêt pour la politique (contre 79 % des « gagnants »). Ce clivage a été encore renforcé en France dans la période récente par la persistance et la gravité de la crise économique et sociale. L'accroissement de la compétition économique a entraîné de fortes dérégulations dont l'effet a été particulièrement sensible dans des secteurs jusqu'alors protégés des pressions du marché. Des pans entiers du marché de l'emploi associés à de faibles qualifications ont été sévèrement touchés par la désindustrialisation qu'ont provoquée l'accentuation de la concurrence internationale et les délocalisations d'entreprises.

---

1. Zygmunt Bauman, *Globalization : The Human Consequences*, Cambridge, Polity Press, 1998.

Par ailleurs, même s'il ne s'agit pas là d'un phénomène récent, l'immigration massive vers l'Europe de l'Ouest de groupes souvent culturellement éloignés des populations d'accueil et la délocalisation d'industries nationales dans des pays géographiquement et culturellement distants de la vieille Europe ont tendu à assimiler, dans certains esprits, compétition économique mondiale et diversité culturelle. Les immigrés et les pays dont ils sont originaires peuvent être perçus comme de véritables « menaces » pesant sur le mode de vie des Européens, d'autant plus que nombre d'États allouent des ressources, pourtant de plus en plus comptées, aux migrants. Cet amalgame est très ancré chez les citoyens situés au bas de l'échelle des diplômes, là où les modèles d'interprétation permettant de donner du sens à la globalisation et à l'ouverture du monde font éventuellement défaut. L'éducation n'est pas seulement un ticket d'entrée dans la voie de la réussite professionnelle ou un gage d'adaptation aux contraintes d'une économie globalisée ; elle est aussi une grille de lecture du monde et de ses évolutions. La très forte variabilité du vote FN en fonction du niveau de diplôme est un révélateur de ce filtre. Trois électeurs de Marine Le Pen sur quatre ont un niveau de diplôme inférieur au baccalauréat (74 %, contre 44 % chez l'ensemble des votants) : c'est, de très loin, l'électorat français le moins diplômé.

Dans le contexte de la globalisation, les États-nations subissent également une érosion de leurs capacités en termes de politiques publiques. C'est particulièrement évident dans le domaine de la politique monétaire, où le pouvoir appartient désormais à l'échelon supranational de la Banque centrale européenne. Face à cette situation, les « gagnants » et les « perdants » se définissent en fonction de leur degré d'identification à la communauté nationale. Ceux chez qui cette identification est forte perçoivent la « dénationalisation » de la politique comme un recul irrémédiable. Ceux qui sont davantage attachés à des valeurs universalistes et postnationales appréhendent la globalisation et le désengagement national qu'elle implique comme un gain. C'est ce que résume Hanspeter Kriesi : « Les gagnants de la globalisation rassemblent des entrepreneurs et des salariés qualifiés dans des secteurs ouverts à la compétition internationale ainsi que des citoyens cosmopolites. En revanche, les perdants de la globalisation regroupent des entrepreneurs et des salariés qualifiés dans des secteurs traditionnellement protégés, tous les salariés peu ou pas qualifiés et les citoyens qui s'identifient fortement à leur communauté nationale[1]. » Cette fracture au sein de la population au regard de la globalisation économique a ouvert un véritable espace pour des partis comme le Front national, qui tente de s'ériger en porte-voix de l'ensemble des « perdants ». En France comme dans bien d'autres pays européens, ce clivage a largement contribué à redessiner l'univers politique.

---

1. Hanspeter Kriesi *et al.*, *West European Politics in the Age of Globalization*, *op. cit.*, p. 8.

Les gagnants et les perdants de la modernisation[1]

	Les perdants de la modernisation	Les gagnants de la modernisation
Vote en faveur de Marine Le Pen	25 %	7 %
Abstention au premier tour de la présidentielle 2012	32 %	13 %
« Il y a trop d'immigrés en France » (en % d'accord)	57 %	31 %
« La mondialisation est un danger parce qu'elle menace entreprises et "modèle social" » (en % d'accord)	74 %	46 %
Le protectionnisme est un mot « positif »	64 %	49 %
« Faire partie de l'Union européenne est une bonne chose pour la France »	32 %	64 %

Source : *Enquête post-électorale sur l'élection présidentielle 2012*, Cevipof.

---

1. Ont été considérés comme « perdants de la modernisation » les ouvriers et employés du secteur privé dont le foyer dispose d'un revenu mensuel net inférieur à 2 000 euros, ayant un diplôme inférieur au baccalauréat et considérant qu'ils ont beaucoup ou un peu de risques de se retrouver au chômage. Ont été considérés comme « gagnants de la modernisation » les cadres supérieurs, professions libérales et professions intermédiaires dont le foyer dispose d'un revenu mensuel net supérieur à 2 000 euros, ayant un diplôme équivalent au baccalauréat ou plus et considérant qu'ils n'ont aucun risque de se retrouver au chômage.

Marine Le Pen atteint un niveau très sensiblement supérieur à sa moyenne nationale chez les « perdants de la modernisation » : elle rassemble 25 % de leurs suffrages, tandis qu'elle est quasiment absente du vote des « gagnants » (7 %) [cf. « Les gagnants et les perdants de la modernisation »]. La protestation lepéniste est en concurrence directe avec la protestation abstentionniste, puisque 32 % des « perdants » ont choisi de ne pas se rendre aux urnes en mai 2012 (contre seulement 13 % des « gagnants »). Les « perdants » rejettent tous les aspects économiques, sociaux et culturels de la modernisation et de l'ouverture de la société, parfois massivement : 57 % (contre 31 % chez les « gagnants ») considèrent qu'« il y a trop d'immigrés en France », 74 % (contre 46 %), que « la mondialisation est un danger parce qu'elle menace nos entreprises et notre modèle social ». Ces appréciations débouchent sur une volonté de protection forte et sur un profond scepticisme à l'égard de l'Europe : 64 % des « perdants » (contre 49 % des « gagnants ») apprécient positivement le mot « protectionnisme », et 32 % seulement (contre 64 %) considèrent que « l'appartenance à l'Union européenne est une bonne chose pour la France ».

Le Front national a su développer un vocabulaire ainsi que toute une série de repères et de référents idéologiques qui parlent aux « perdants ». Dans le domaine économique, il défend systématiquement la nécessité de protéger le marché national, à l'opposé de la position plus libre-échangiste des partis de gouvernement de gauche comme de droite. Lors de l'université d'été du Front national qui s'est déroulée à Marseille les 14 et 15 septembre 2013, Marine Le Pen a présenté sa stratégie économique en ces termes : « Ce que je veux, c'est une France qui tienne son rang face à la mondialisation sauvage. Une France qui retrouve des muscles pour faire valoir ses atouts et protéger ses intérêts. C'est la grande bataille que je lancerai pour le protectionnisme à nos frontières nationales [...]. Pas de réindustrialisation sans protectionnisme [...]. Je ne reculerai devant rien, et certainement pas devant les oukases ultralibéraux des grands prêtres de l'Union européenne. [...] Si le patriotisme économique ne plaît pas à l'Union européenne, eh bien nous nous passerons de l'Union européenne. »

Le nouveau clivage est donc en train de renforcer la classique opposition entre étatistes et libéraux, mais en lui donnant un sens différent. La position étatiste devient de plus en plus protectionniste et défensive, tandis que la position libérale s'attache de plus en plus à la compétitivité nationale sur les marchés mondiaux. Ce retour en grâce du protectionnisme économique s'accompagne d'une demande de protectionnisme social et culturel. Les électeurs du Front national veulent être protégés de deux « menaces » : celle de l'ouverture économique, politique et culturelle que provoquent les forces de la globalisation, de l'Europe et de l'immigration, et qui diluerait la spécificité française ; celle de la libéralisation croissante des normes et des règles collectives, qui entamerait notre capacité à vivre ensemble.

La fracture autour de l'ouverture : la « société close »

L'ouverture et l'internationalisation qu'elle engendre polarisent peu à peu les citoyens selon qu'ils voient des avantages ou des inconvénients à ce processus. Une fracture sépare les partisans d'une « société ouverte » et ceux d'une « société close », ou du moins fortement recentrée sur l'isolat national. Juste après la Seconde Guerre mondiale, Karl Popper a écrit un vibrant plaidoyer en faveur de la démocratie, dans lequel il dénonçait son principal ennemi : le totalitarisme, de droite comme de gauche[1]. Pour lui, le conflit entre démocratie et totalitarisme reflétait le choc lié au passage d'une société tribale, close et immuable à une société ouverte, moderne, contrôlée par la raison et libérant les capacités critiques de l'homme. Tous les totalitarismes du xxe siècle auraient ainsi joué sur la nostalgie de l'harmonie et de l'équilibre supposés caractériser les anciennes sociétés organiques, closes et « parfaites ».

Aujourd'hui, la dichotomie entre « société ouverte » et « société close » est d'une autre nature, moins politique qu'économique. Même si certaines approches idéalistes, de gauche (l'« Europe sociale, démocratique et solidaire » du PCF) comme de droite (l'« Europe des nations et des patries » du Front national), pourraient servir de matrice conceptuelle à de nouveaux types de « société close », ceux-ci paraissent très déconnectés du risque totalitaire.

---

1. Karl Popper, *La Société ouverte et ses ennemis* [1945], t. 1 : *L'ascendant de Platon*, t. 2 : *Hegel et Marx*, Paris, Seuil, 1979.

Les électeurs du Front national expriment fréquemment leur hostilité à l'égard de l'ouverture et de l'internationalisation. Ils le font d'autant plus aisément qu'il règne en France une réticence profonde à prêter une quelconque vertu à la mondialisation. Ainsi, à la question de savoir si cette dernière « contribue au développement des pays pauvres », 45 % des Européens répondent positivement (64 % des Danois, 62 % des Suédois, 61 % des Slovaques, 60 % des Estoniens, 54 % des Néerlandais, 54 % des Finlandais, 53 % des Tchèques, 51 % des Autrichiens), contre seulement un gros tiers en Grèce (34 %), en Lettonie (37 %), en Espagne (37 %) et... en France (34 %)[1]. À la question de savoir si la mondialisation peut « nous protéger des augmentations de prix », 26 % des Européens considèrent que c'est le cas, mais c'est en France que le diagnostic est le plus sévère : seulement 12 % des personnes interrogées sont de cet avis, contre 76 % qui pensent le contraire. Sur les vingt-huit pays de l'Union européenne, la France est celui où le jugement sur les vertus anti-inflationnistes de la mondialisation est le plus négatif. Une forte majorité d'Européens (60 %) est également persuadée que « la mondialisation accroît les inégalités sociales », mais, là encore, cette perception bat des records en Grèce (81 %) et en France (76 %). Contrairement à certains pays de tradition libérale (Grande-Bretagne, Pays-Bas) ou d'Europe de l'Est parmi ceux reconnaissant quelques avantages à l'ouverture économique (Roumanie, Lituanie), la France et la Grèce ne conçoivent la mondialisation que comme un processus qui « enlève », « aggrave », servant

---

1. « L'opinion publique dans l'Union européenne », *Eurobaromètre standard*, n° 73, novembre 2010.

uniquement les grandes entreprises et nullement les intérêts de la population. Cette perception reste dominante
au sein de l'Union, où 62 % des citoyens interrogés
approuvent l'idée selon laquelle « la mondialisation
profite uniquement aux grandes entreprises et pas aux
citoyens » : elle est majoritaire partout, sauf chez les
Roumains (48 %), les Danois (46 %), les Néerlandais
(45 %), les Suédois (45 %) et les Maltais (38 %). Comme
toujours, ce sentiment devient écrasant – partagé par plus
des trois quarts des personnes interrogées – en Grèce
(81 %) et en France (77 %), ainsi qu'en Slovénie (79 %).

Interrogés lors de la période électorale décisive de
mai-juin 2012, 60 % des Français déclarent que, « pour
un pays comme la France, la mondialisation est plutôt un
danger, parce qu'elle menace ses entreprises et son modèle
social ». Seuls 39 % d'entre eux considèrent que « la mondialisation est plutôt une chance, parce qu'elle [...] ouvre
[à la France] des marchés à l'étranger et la pousse à se
moderniser »[1]. Cette vision positive de la mondialisation
ne remporte la majorité des suffrages que dans les couches
sociales supérieures, bien dotées en diplômes et en niveau
de vie, parmi les catholiques pratiquants réguliers, impré-
gnés de la dimension transnationale de l'Église à laquelle
ils appartiennent, et, enfin, au sein de l'électorat de Nicolas
Sarkozy. En revanche, dans les couches populaires, dans la
fonction publique, mais aussi chez les jeunes, les personnes
détachées de la religion et les électeurs de gauche et de
droite extrême, c'est la conception de la mondialisation
comme menace qui l'emporte.

---

1. *Enquête post-électorale de l'élection présidentielle 2012*, Cevipof, réalisée par OpinionWay du 18 mai au 2 juin 2012.

La montée de la demande de protection par rapport à la globalisation

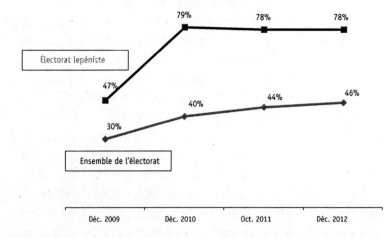

Question : Estimez-vous que la France doit :
– s'ouvrir davantage au monde d'aujourd'hui ?
– se protéger du monde d'aujourd'hui ?
– ni l'un, ni l'autre ?
(% de réponses « oui » à l'item « se protéger du monde d'aujourd'hui »)

Source : *Baromètre de la confiance politique Cevipof*, décembre 2012.

Cette perception négative de la mondialisation débouche sur une revendication croissante de « protection ». En décembre 2009, 30 % seulement des personnes interrogées pensaient que la France devait « se protéger davantage du monde d'aujourd'hui » ; trois ans plus tard, elles sont 46 % dans l'ensemble de la population et 78 % parmi les électeurs de Marine Le Pen (cf. « La montée de la demande de protection par rapport à la globalisation »). Cette conception dominante de la mondialisation comme menaçante participe bien d'une « spécificité française » qu'il s'agit d'éclairer. Le sentiment d'une *deminutio capitis* est vif dans un pays qui, pendant des siècles, a été habitué à jouer les premiers rôles. Dans une enquête réalisée en décembre 2010, 62 % des Français interrogés considéraient que la France était « mal placée » dans la « compétition économique mondiale », tandis que seuls 16 % des Australiens, 17 % des Hollandais, 18 % des Allemands, 21 % des Brésiliens, 28 % des Chinois, 44 % des Britanniques, 50 % des Américains, 51 % des Polonais et 55 % des Italiens avaient le même jugement à propos de leur propre pays[1].

Le pessimisme franco-français se nourrit de la nostalgie de la « puissance d'antan »[2]. Celle-ci est très lisible dans le discours de Marine Le Pen : « Les Français sont un grand peuple qui possède un grand pays. La France n'est pas petite, elle n'est pas seulement ce pourcent de la population mondiale, comme le disait avec dédain Valéry Giscard d'Estaing. Sa langue, notre langue nationale, rayonne sur les cinq continents, privilège qu'elle partage seule avec l'anglais. La francophonie doit vibrer à nouveau, sur les terres d'Asie, d'Amérique, d'Europe et d'Afrique. La France est présente dans les trois océans. [...] Nous avons toutes les raisons de retrouver la fierté de ce que nous sommes, de cette France éternelle qui fait vibrer l'humanité tout entière depuis des siècles, et dont nous sommes les héritiers[3] ! »

Autre ressort du pessimisme hexagonal : la « passion révolutionnaire », qui serait française avant tout et qui,

---

1. « Regards croisés sur la mondialisation dans dix pays », sondage réalisé du 8 au 23 décembre 2010 par l'Ifop pour *La Croix* auprès d'un échantillon de 6 023 personnes représentatif des habitants âgés de 18 ans et plus de dix pays.
2. Cf. Pascal Perrineau, « Le pessimisme français : nature et racines », *Le Débat*, n° 166, septembre-octobre 2011, p. 79-90.
3. Discours au congrès de Tours, 16 janvier 2011.

pour reprendre les termes de François Furet, développe « cette capacité infinie à produire des enfants et des hommes qui détestent le régime social et politique dans lequel ils sont nés, haïssant l'air qu'ils respirent, alors qu'ils en vivent et qu'ils n'en ont pas connu d'autre[1] ». Le Front national n'est pas en reste quand il s'agit de manier la référence « révolutionnaire » : en 1985, Jean-Marie Le Pen appelait « de ses vœux une vraie Révolution française qui rende la parole au peuple[2] » ; vingt-cinq ans plus tard, en 2012, sa fille Marine choisit pour slogan de campagne « Révolution bleu marine, blanc, rouge ».

La tendance du régime économique, social et politique actuel est à l'ouverture, mais nombre de Français le rejettent et exigent d'en être protégés. Dans un sondage de l'Ifop réalisé pour *La Croix* en avril 2012, 60 % des personnes interrogées considéraient que, « en matière économique, l'ouverture des frontières de la France et de l'Europe aux marchandises de pays comme la Chine et l'Inde et l'ouverture de ces pays aux produits français » étaient une « mauvaise chose » pour le pays. Cette proportion atteint 77 % chez les électeurs de Marine Le Pen. Conséquence logique de ce constat, une grande majorité de Français, de gauche comme de droite, réclament la mise en œuvre de vigoureuses politiques de protectionnisme : 62 % d'entre eux sont ainsi favorables au relèvement des droits de douane aux frontières françaises, même si nos partenaires européens ne

---

1. François Furet, « La passion révolutionnaire au xxe siècle. Essai sur le déclin du communisme », in *La Révolution française*, Paris, Gallimard, 2007, p. 951.
2. *National-Hebdo*, 26 septembre 1985.

veulent pas les relever aux frontières de l'Union ; cette proposition fait la quasi-unanimité parmi les électeurs de Marine Le Pen (85 %). Ces derniers sont générale-ment les têtes de file du camp hostile à l'ouverture au monde, réclamant l'érection de barrières en tout genre pour protéger la nation des « grands vents du dehors ». Cette forte tentation du repli national est sensible sur des dossiers aussi divers que la participation de la France à des opérations militaires internationales, l'élar-gissement des pouvoirs de l'Union européenne ou encore l'appréciation des coûts et bénéfices de l'immigration. Les électeurs du Front national sont, la plupart du temps, ceux qui manifestent la plus grande défiance envers les structures internationales de pouvoir ou de régulation, que ce soit en matière économique ou politique. En décembre 2012, 82 % des électeurs de Marine Le Pen déclarent n'avoir pas confiance dans l'Union européenne (contre 66 % chez l'ensemble des Français), 86 % dans les grandes conférences internationales comme le G20 (contre 78 %), 85 % dans l'Organisation mondiale du commerce (même pourcentage dans la population totale)[1].

Au-delà de ces instances de pouvoir souvent loin-taines et parfois éphémères, l'internationalisation se donne à voir de manière tout à fait concrète dans l'engagement régulier de troupes françaises dans des opérations militaires internationales, généralement sous mandat de l'ONU. Ces opérations extérieures (les Opex en langage militaire) se sont succédé ces quinze dernières années à un rythme soutenu, du Kosovo

---

1. Vague 4 du *Baromètre de la confiance politique du Cevipof*, décembre 2012.

(1999) au Mali et à la Centrafrique (2013) en passant par l'Afghanistan (2001) et la Libye (2011), sans oublier l'hypothétique intervention en Syrie. Les électeurs du Front national, en dépit du tropisme militaire et « patriotique » qu'on tend à leur prêter, sont en règle générale les plus hostiles à ce type d'intervention. En août 2011, 88 % des sympathisants du Front national se disaient opposés à l'intervention militaire française en Afghanistan (contre 76 % de l'ensemble de la population) ; le même mois, 69 % d'entre eux déclaraient être défavorables à « la coalition militaire en Libye, composée notamment de la France, du Royaume-Uni et des États-Unis contre les forces du colonel Kadhafi » (contre 51 % dans la population totale) ; en août 2013, 81 % étaient hostiles à un engagement militaire de la France dans le cadre d'une intervention des Nations unies en Syrie (contre 59 % dans l'ensemble de l'électorat)[1]. Très souvent, le segment de population le plus réticent aux interventions militaires est une coalition rassemblant des électeurs du Front national et des électeurs du Front de gauche, rappelant que les nouvelles fractures dont se nourrit le FN n'ont que peu à voir avec le vieux clivage droite-gauche. Cependant, de telles confluences politiques n'ont rien d'étonnant quand on songe à l'opposition à la guerre à la fin des années 1930, qui rassemblait extrême droite et extrême gauche.

On retrouve le même type de clivage à propos de la construction européenne. Celle-ci pose également la question de la « dénationalisation » des enjeux, autour

---

1. Cf. sondages Ifop pour *L'Humanité* (août 2011) et pour *Le Figaro* (août 2013).

de laquelle se construisent des coalitions réunissant la « gauche de la gauche » comme la « droite de la droite ». La France a longtemps été dans le peloton de tête de l'europhilie. Tout au long des années 1970, interrogés par l'instrument de sondage européen qu'est l'*Eurobaromètre*, les Français estiment massivement – entre 52 et 68 % – que « l'appartenance de la France à l'Union européenne est une bonne chose ». Au cours de la décennie 1980, le niveau d'europhilie monte encore pour atteindre 74 % à l'automne 1987. Aux yeux des Français, la présidence Delors (1985) et l'Acte unique européen (1986) ont redonné à l'Europe une réalité et un avenir désirables. L'embellie dure jusqu'au début des années 1990.

En 1992, le référendum sur le traité de Maastricht politise et clive la question européenne, laquelle, jusqu'alors, relevait d'un « consensus mou » que les meilleurs observateurs qualifiaient de « consensus permissif »[1]. Les premiers signes d'érosion se font sentir. Après 1995, la barre des 50 % d'opinions positives n'est plus dépassée qu'exceptionnellement. Les débats relatifs à l'élargissement de l'Union et au traité constitutionnel européen (TCE) qui animent les années 2003-2005 se soldent par un vote de refus auquel les électeurs du Front national participent pleinement. Lors du référendum de juin 2005, 96 % des électeurs proches du Front national déclarent avoir voté non, contre 95 % des électeurs proches du PC, 59 % des sympathisants du PS et 64 %

---

1. L'expression « consensus permissif » a été inventée par Valdimer Orlando Key dans *Public Opinion and American Democracy* (New York, Alfred A. Knopf, 1961) et reprise pour la première fois à propos de la construction européenne dans Leon N. Lindberg et Stuart A. Scheingold, *Europe's Would-Be Polity : Patterns of Change in the European Community* (Englewood Cliffs, NJ, Prentice Hall, 1991).

des soutiens des Verts[1]. Quantitativement, l'apport des électeurs frontistes a été décisif pour la victoire du non.

La victoire du non avait été évitée de justesse lors du référendum de 1992 sur le traité de Maastricht, révélant déjà une fracture forte entre les électeurs prêts à accepter une certaine « dénationalisation » au profit de l'Europe et ceux qui la refusaient. Cette fracture est particulièrement instrumentalisée pendant la campagne référendaire de 2005. Les thèmes de l'« Europe politique » – la première partie du TCE – et de la Charte des droits fondamentaux – la deuxième partie – ne sont qu'à peine mobilisés, tandis que le débat se déplace rapidement sur le terrain de la « dénationalisation » de l'économie. Les partisans du oui sont accusés de soutenir la directive dite « Services », élaborée par un commissaire européen libéral néerlandais du nom de Frits Bolkestein. Prévoyant l'ouverture réciproque des marchés de services sans harmonisation préalable, elle suscite une opposition massive de la part des tenants du non, au premier rang desquels Jean-Marie Le Pen : « Dans cette affaire, nous renvoyons dos à dos les libéraux et les archéo- ou postmarxistes et internationalistes, tous responsables et tous coupables. Seule la structure nationale que nous défendons peut nous protéger de Bolkestein, de Mittal Steel ou des OPA hostiles des multinationales ou des fonds de pension américains. » Cette polémique présente l'Europe sous des traits menaçants et donne du grain à moudre à ceux qui préconisent une « Europe sociale » face à une Europe politique « antisociale » et « libérale ». Tout le monde s'empare finalement de l'« Europe sociale », de Jean-Marie Le Pen aux trotskistes, du président de la République de l'époque, Jacques Chirac,

---

1. Sondage Jour du vote, TNS Sofres, 29 mai 2005.

au Parti communiste. La campagne se voit ainsi dominée par le mot d'ordre : « L'avenir de l'Europe doit passer par le social », ce qui est bien souvent dans la vie politique française, à tort ou à raison, une manière de refuser la construction d'une Europe politique et économique. À aucun moment le oui ne trouve de leader fort et incontestable, contrairement à ce qui s'est passé en 1992, où son porte-parole n'était autre que François Mitterrand. En 2005, Jacques Chirac intervient bien dans la campagne, mais il ne passe pas la rampe. L'opinion sent confusément que l'homme n'est pas un européen convaincu : son itinéraire politique garde encore la trace du refus de l'entrée du Portugal et de l'Espagne dans le Marché commun à la fin des années 1970, ou encore de celui de la monnaie unique en 1989. Le débat reste binaire et caricatural : Europe « sociale » contre Europe « libérale ». La première permet de travestir les passions nationales et nationalistes qui avaient besoin d'un adversaire à leur hauteur – le « libéralisme européen apatride » qui amène dans ses fourgons le « plombier polonais » ou l'« électricien roumain ». Les leaders du non, à gauche comme à droite, occupent ce terrain à satiété.

Le 29 mai 2005, la France vote non à 54,7 % des suffrages exprimés – un score jamais vu qui témoigne de l'âpreté du conflit autour de l'Europe et de son avenir[1].

---

1. C'est seulement la troisième fois depuis que ce type de consultation au suffrage universel (masculin) existe en France (1848) qu'un référendum connaît une issue négative. Dix-huit référendums ont été organisés depuis cette date. Outre celui de mai 2005, deux autres se sont soldés par une victoire du non : en mai 1946, 52,6 % des Français dirent non au premier projet de Constitution de la IVᵉ République ; en avril 1969, 52,4 % refusèrent la réforme du Sénat et des régions.

Une analyse fine de la géographie du vote permet de mieux comprendre ce rejet. La carte des résultats du référendum de 2005 est très proche, dans sa structure, de celle du référendum de 1992 sur l'approbation du traité de Maastricht. Elle montre la pérennité des composantes qui donnent cohérence aux oppositions sur l'Europe. On retrouve un vote non fort dans le Nord-Pas-de-Calais, les régions centrales, le sud de la région Centre, le Limousin, toute une partie de l'Auvergne, l'axe Midi-Pyrénées, sauf les départements du nord-est de Midi-Pyrénées, avec une extension de cette France centrale vers la bordure méditerranéenne et vers le Sud-Ouest aquitain. Les territoires urbains, en particulier les grandes villes, ont massivement voté oui. Le non représente une « France centrale », organisée autour d'un axe qui va du Nord-Pas-de-Calais au Languedoc-Roussillon, contre une « France des marges et des frontières » (Bretagne, Alsace, Rhône-Alpes) – les zones périurbaines et rurales contre les grands centres urbains, et, comme on l'avait vu dès 1992, les régions de la France athée et détachée de la religion catholique contre les régions de la France catholique.

Là où existent des traces de catholicité forte, comme en Bretagne, dans l'Ouest intérieur, en Savoie, dans l'est du pays ou encore dans des départements comme l'Aveyron ou les Pyrénées-Atlantiques, le vote oui est élevé. Pour expliquer cela, il ne suffit pas de dire que l'électorat catholique est un électorat de droite, puisque, en 1992, il avait voté oui alors que c'était la gauche qui soutenait ce vote. D'autres tropismes culturels semblent présider à ce choix. Certains avancent l'idée que le concept de supranationalité est plus naturellement compris par un électorat catholique, pour qui l'Église est, par définition, une puissance supranationale. La pulsion nationaliste qui nourrit l'extrême droite en France a d'ailleurs toujours buté contre le bloc des catholiques pratiquants, qui cèdent nettement moins que d'autres catégories de population à la tentation du vote Front national. Les messages de tolérance régulièrement diffusés par la Conférence des évêques de France ont également leur part dans cette réticence. On le constate à nouveau en 2005.

Certaines régions plus « ouvertes », que ce soit par tradition culturelle, du fait de leur économie ou encore de la mobilité de leur population, ont voté davantage oui que non. C'est le cas de la Bretagne, de la région parisienne, de l'Alsace (région où le capital des entreprises est le plus européanisé, avec de fortes migrations alternantes vers la Suisse, le Luxembourg et l'Allemagne), mais aussi de la région Rhône-Alpes. Ces terres, bien au-delà du clivage entre la gauche et la droite, manifestent une attitude d'ouverture à l'« autre », alors que les régions plus centrées sur des traditions nationales et laïques, comme le Limousin, le sud de la région Centre ou toute une partie de la région Auvergne, sont plus rétives aux vents du dehors et aux différences. Ces dernières votent fortement en faveur du non, comme elles l'avaient déjà fait massivement en 1992.

Avec 54,7 % en 2005, le non a donc progressé de presque six points en une dizaine d'années, puisqu'il rassemblait 49 % des suffrages en 1992. Cette poussée est très forte dans nombre de terres socialistes où les leaders du non ont rencontré un écho (Seine-Maritime, Côtes-d'Armor, Landes, Hautes-Pyrénées, Lot), mais aussi dans des terres où le Front national constitue la colonne vertébrale de l'opposition à l'Europe (nord-est et est du pays). La progression du non est également vigoureuse au niveau de ce que les démographes français appellent la « diagonale aride », qui va de l'Ariège au Jura. L'expression « diagonale aride » désigne une série de départements dans lesquels la Délégation interministérielle à l'aménagement du territoire et à l'attractivité régionale (Datar) avait décelé, dans les années 1980, des signes forts de dépopulation, entraînant parfois la fermeture de certains services publics, une rupture croissante entre des pôles urbains dynamiques et des hinterlands ruraux et rurbains en profonde crise, ainsi que des difficultés économiques pour la petite et moyenne industrie et les exploitations agricoles. Sur ces terres, la dynamique de Jean-Marie Le Pen était déjà très sensible en 2002. Il s'agit souvent de régions taraudées par de nombreuses inquiétudes identitaires et insécurités économiques et sociales. Cette France peut avoir l'impression d'être délaissée et abandonnée par l'État centralisateur et protecteur.

De même, ces zones ont connu une forte mobilisation lors du mouvement social de novembre-décembre 1995, dont la caractéristique, selon Alain Touraine, est qu'il était porté – à l'image d'autres mouvements sociaux de la fin du xxe siècle et du début du xxie – par ce qu'il a nommé un « grand refus », sans revendication de véritables alternatives économiques et sociales[1]. On peut également parler de « grands refus politiques » : le « choc » du 21 avril 2002 en est un, et le référendum de 2005, d'une certaine manière, en est une réplique. Dans un vaste mouvement de « politisation négative », les Français reviennent aux urnes sur un mode extrêmement

---

1. Alain Touraine, *Le Grand Refus. Réflexions sur la grève de décembre 1995*, Paris, Fayard, 1996.

conflictuel et protestataire. Il s'agit d'en découdre avec le « système », comme aime à le dire Marine Le Pen. La forte poussée du non à l'Europe s'enracine donc dans les terres les plus marquées par cette posture protestataire. Comme en 1992, la corrélation entre la poussée du non et l'implantation de l'extrême gauche et du PCF est très forte, tout comme elle l'est avec l'audience du Front national.

La structure pérenne du non à l'Europe sur plusieurs décennies pose la question du clivage à l'œuvre derrière ces oppositions électorales, qui n'obéissent pas, ou très peu, au clivage classique entre la gauche et la droite. Certes, le non qui s'impose dans les urnes en 2005 est plus à gauche qu'il ne l'était en 1992, tandis que le oui est plus à droite. Mais la structure profonde subsiste. Comment interpréter cela ?

Ce clivage qui brouille et perturbe la gauche et la droite est plus ancien qu'on veut bien le croire, mais il n'a longtemps existé qu'au sein même de la classe politique. Ce n'est qu'à partir des années 1970 qu'il s'est introduit dans l'arène électorale. Ces cinquante dernières années, tous les votes portant sur la question européenne au Parlement, puis dans les urnes – sur la Communauté européenne du charbon et de l'acier (Ceca) en 1951, sur la Communauté européenne de défense (CED) en 1954, sur la Communauté économique européenne (CEE) mise en place par le traité de Rome en 1956, ainsi que les référendums de 1972, 1992 et 2005 –, font apparaître peu ou prou les mêmes coalitions. Ceux qui s'opposent à la Ceca en 1951 (le Parti communiste et le Rassemblement du peuple français) sont les mêmes qui se mobilisent quelques années plus tard contre la CED. En 1956, contre le traité de

Rome, on retrouve les députés communistes et poujadistes (dont Jean-Marie Le Pen), ainsi que quelques voltigeurs tel Pierre Mendès France, qui rejette la CEE pour des raisons d'« efficacité économique ». Lors du référendum de 1972 sur l'adhésion du Danemark, de l'Irlande, de la Norvège et du Royaume-Uni aux Communautés européennes, les 30 % du non sont constitués des électeurs communistes et de la moitié de l'électorat gaulliste, encore travaillé par une conception très étroite de l'« Europe des nations ».

La coalition du oui, elle, consiste dans la réunion des blocs centraux, c'est-à-dire l'alliance du centre droit avec les socialistes. Il s'agit de la coalition dominante dans les institutions européennes. La France est particulièrement mal à l'aise avec ce type de « compromis centriste », qui est en totale contradiction avec notre bipolarisation nationale. Cette dernière est même institutionnalisée par la Constitution de la Ve République, contribuant à une véritable allergie française aux solutions de « troisième force » ou de coalition entre la gauche sociale-démocrate et la droite modérée.

Le oui au traité de Maastricht a dû sa courte victoire à l'existence pérenne d'un tel compromis entre gauche modérée et droite modérée. Mais, en 2005, le oui s'étiole sous la pression des passions nationales[1]. Le vote non de 2005 dénote, plus qu'un souci de voir émerger une « autre Europe » à caractère social, une forte inquiétude nationale. Ainsi, lorsqu'on leur demande : « Est-ce que vous avez voté aujourd'hui en pensant plutôt à la construction de l'Europe ou en pensant aux

---

1. Dominique Reynié, *Le Vertige social-nationaliste. La gauche du non*, Paris, La Table ronde, 2005.

problèmes nationaux ? », l'immense majorité des électeurs du oui (82 %) affirment avoir voté en pensant
à la construction de l'Europe, tandis que la majorité
des électeurs du non (52 %) dit avoir pensé avant tout
aux problèmes nationaux. Et ce centrage national n'est
pas exempt de tensions xénophobes : selon l'institut
Louis Harris, 67 % des électeurs qui pensent qu'il « y
a trop d'étrangers en France » ont voté non, et 33 %
seulement ont voté oui.

Le clivage européen bouleverse donc de plus en plus
profondément le jeu entre la gauche et la droite en
France. Il divise les appareils et permet au Front national
de se placer à l'avant-garde de l'euroscepticisme et de
l'europhobie, qui ne cessent de grandir. Au lendemain du
référendum du 29 mai 2005, le Front national placarde
dans tout Paris une affiche qui proclame : « Le peuple
a parlé, le Président doit démissionner », entretenant
ainsi l'idée d'une coupure radicale entre le « pays réel »
et le « pays légal ».

Neuf ans après le rejet du traité constitutionnel européen, la situation de l'Europe politique ne s'est pas
améliorée. L'opinion française a rejoint celle de pays
traditionnellement plus méfiants vis-à-vis des vertus de
l'Union européenne et taraudés par l'euroscepticisme et
l'europhobie (Grèce, Pologne, Finlande), ou encore de
pays fortement touchés par la crise (Portugal, Italie).
En matière d'europhilie, la France n'est plus à l'automne 2012 que quatorzième sur vingt-huit. Dans les
années 1970, elle se trouvait toujours dans le trio de
tête. Dans les années 1980 et 1990 encore, l'adhésion
des Français au projet européen s'inscrivait peu ou prou
dans la moyenne européenne. Aujourd'hui, la France est

départagée : les positions eurosceptiques et europhobes dominent, rassemblant 51 % de nos concitoyens, tandis que la position europhile attire 46 % d'entre eux (3 % se réfugient dans le « sans réponse »). La France est ainsi loin derrière les Pays-Bas (69 % d'europhiles), la Belgique (65 %), l'Irlande (63 %), la Suède (56 %), le Danemark (55 %), l'Espagne (55 %) ou encore l'Allemagne (54 %), tous témoignant d'une adhésion beaucoup plus franche à l'Europe[1].

La crise économique et financière touche désormais tous les domaines et engendre un pessimisme diffus au sein de la population française. Si 43 % des Européens adhèrent à la proposition selon laquelle « l'Union européenne nous aide à nous protéger des effets négatifs de la mondialisation » (37 % n'étant pas d'accord), ils ne sont que 36 % de Français à partager ce sentiment (56 % n'étant pas d'accord). Alors que seulement 36 % des Européens estiment que, « depuis 2004, l'élargissement a affaibli l'Union européenne », plus de la moitié des Français (54 %) sont d'accord avec ce point de vue.

À quelques semaines des élections européennes de mai 2014, nombre de nos concitoyens utilisent l'Europe comme un écran noir sur lequel ils projettent toutes leurs inquiétudes, qu'elles soient sociales, économiques ou identitaires. Alors que les débuts de la construction européenne avaient été marqués par des projections positives, des rêves de paix et de croissance, l'Europe est peu à peu devenue, au cours des quatre décennies qui ont suivi la signature du traité de Rome,

---

1. « L'opinion publique dans l'Union européenne », *Eurobaromètre standard*, n° 78, automne 2012.

un « bouc émissaire » des difficultés françaises. À droite et à gauche, et particulièrement à l'extrême de chacun des deux camps, de nombreuses forces politiques en ont fait une arme politique, et l'Europe figure maintenant dans l'arsenal des « figures du mal », aux côtés du mal bureaucratique, du mal néolibéral, du mal cosmopolite, du mal interventionniste...

Le consensus mou et permissif d'antan a laissé place à un vrai combat politique au sein des deux camps, gauche et droite, divisant le pays en profondeur. Et dans la remise en cause de l'Union européenne le Front national est à l'avant-garde. Il dénonce une « Europe sans les peuples » et, plus grave encore, une « Europe contre les peuples ». Le « déficit démocratique » des institutions européennes est vu comme une arme aux mains des « technocrates de la Commission » et de la Banque centrale européenne, et l'Union européenne elle-même, comme un simple instrument : « L'Union européenne, asservie par sa dette et l'euro, est un instrument au service d'une idéologie ultra-libérale mondialiste et des intérêts du secteur financier. Celui-ci voit la crise comme une formidable occasion de poursuivre à marche forcée la dissolution des nations dans un fédéralisme qui remettra entre les mains d'experts non élus le destin des peuples et donnera aux institutions des ressources suffisantes pour mettre en place un clientélisme[1]. » La non-prise en compte du rejet du TCE par les Français et les Néerlandais en 2005 fut d'ailleurs considérée comme un révélateur de ce dévoiement démocratique.

---

1. Cf. www.frontnational.com/le-projet-de-marine-le-pen/politique-etrangere/europe/.

En réponse, le Front national propose une « renationalisation » de l'Europe, accompagnée d'une sortie de l'euro et du retour aux monnaies nationales, une renégociation de tous les traités européens, qui serait prise en charge par un « ministère des Souverainetés », le rétablissement des frontières, qui permettraient de contrôler les mouvements des hommes, mais aussi ceux des biens et des capitaux, et enfin l'instauration de la primauté du droit national sur le droit européen. Ce projet vigoureux tente de fédérer tous ceux qui vivent l'approfondissement de la construction européenne comme une menace non seulement contre leur identité, mais aussi et surtout contre les capacités de la France à réagir aux grands défis sociaux et économiques de son temps.

Interrogés au lendemain de l'élection présidentielle de 2012, 77 % des électeurs de Marine Le Pen déclaraient leur scepticisme ou leur hostilité à l'égard de l'Union européenne (34 % pensant que « l'Union européenne est une mauvaise chose pour la France », 43 % qu'elle est « une chose ni bonne ni mauvaise »). Mais il est à noter que cette opinion était partagée par 68 % des électeurs de Nicolas Dupont-Aignan et par 52 % des électeurs de Jean-Luc Mélenchon. Avec des présupposés et des objectifs bien différents, les uns et les autres se retrouvent donc au sein d'un même camp d'eurosceptiques et d'europhobes. Cette fracture, entretenue et réactivée par les référendums de 1992 et de 2005, ainsi que par les différents scrutins européens (1994, 1999, 2004, 2009), est tout à fait déterminante dans la structuration de la dynamique électorale actuelle du Front national. C'est d'autant plus vrai qu'elle s'articule à un autre clivage, celui qui porte sur les flux migratoires et qui divise la France en deux. En juin 2012, 48 % des Français interrogés déclaraient avoir personnellement peur que la construction européenne n'entraîne « une augmentation du nombre des immigrés », 51 % déclarant que cela ne leur faisait pas peur[1]. Sur ce thème, une fois de plus, le Front national rassemble et cristallise les critiques les plus radicales. Ainsi, 87 % des électeurs de Marine Le Pen pensent qu'avec la construction européenne « le nombre des immigrés va augmenter », 87 % qu'il y aura « davantage de chômage », 78 % qu'il y aura « une perte de l'identité nationale et de la culture française », 76 %, enfin, qu'il y aura « moins de protection sociale en France ».

Indépendamment de toutes les menaces portées par l'Europe, le Front national utilise à satiété la figure de l'immigré, incarnation de la mobilité et de l'ailleurs, pour donner chair à sa dénonciation des entités quelque peu abstraites que sont la mondialisation et l'Europe. Cela n'a rien de surprenant pour un parti qui fait de l'immigration, depuis plusieurs décennies, l'un des vecteurs essentiels de sa communication. Cependant, au-delà du FN, c'est tout l'électorat français qui est divisé sur cette question. En juin 2012, il l'est de manière presque parfaitement symétrique : 48 % des personnes interrogées déclarent être d'accord avec la phrase « il y a trop d'immigrés en France », 49 % expriment leur désaccord. Parmi ceux qui se disent d'accord, on trouve 88 % des électeurs de Marine Le Pen et 93 % des électeurs proches du Front national, mais aussi 66 % des électeurs proches de l'UMP, 42 % des proches de l'extrême

---

1. *Enquête post-électorale de l'élection présidentielle 2012*, Cevipof, juin 2012.

gauche, 31 % des proches de la gauche radicale et 25 % des sympathisants du Parti socialiste. Au sein de cette catégorie hétérogène, le doute sur la capacité des immigrés à s'intégrer est prononcé. En avril 2011, 66 % des personnes interrogées par Harris Interactive considèrent que « l'intégration des étrangers dans la société française fonctionne mal », et 76 % pensent que « les étrangers ne font pas suffisamment d'efforts pour s'intégrer »[1]. La question de l'immigration et de son intégration dépasse largement le clivage entre la gauche et la droite : si 89 % des sympathisants de droite estiment que « les étrangers ne font pas suffisamment d'efforts d'intégration », ils sont 64 % des sympathisants de gauche à penser de même.

Jusqu'à présent, le Front national n'est pas parvenu à rassembler ces électeurs issus de diverses tendances politiques et doutant de la capacité de la France à intégrer la population immigrée de façon satisfaisante. Il faut dire que nombre de ses propositions sur ce thème – immigration clandestine ramenée à zéro, expulsion des clandestins, interdiction du principe de régularisation, préférence nationale (rebaptisée priorité nationale) pour l'emploi et le logement social, suppression du regroupement familial, suppression du droit du sol, durcissement des conditions d'accès à la nationalité, restriction drastique du droit d'asile – comportent une dimension xénophobe qui agit comme un repoussoir auprès des électeurs refusant de cautionner une politique d'exclusion

---

1. « Enquête sur l'intégration des étrangers dans la société française d'aujourd'hui », sondage Harris Interactive réalisé pour l'émission « Face aux idées », du 8 au 10 avril 2011, auprès d'un échantillon de 1 631 individus interrogés en ligne, représentatif de la population française âgée de 18 ans et plus.

et discriminatoire envers la population immigrée. Ainsi, bien des Français, malgré leur préoccupation face aux défis de l'immigration, n'apportent pas pour autant leur soutien au Front national. Encore aujourd'hui, 43 % des Français considèrent que Marine Le Pen est « la représentante d'une extrême droite nationaliste et xénophobe », et 35 % affirment que, bien qu'« ils adhèrent aux constats qu'elle exprime, ils n'adhèrent pas aux solutions qu'elle propose »[1].

Face à ces réticences, Marine Le Pen a décidé d'appréhender autrement la question de l'immigration, en s'efforçant de gommer la dimension ethnique et d'accentuer les dimensions culturelle et religieuse. La dénonciation de l'immigration par le Front national s'appuie de plus en plus sur des motifs identitaires, avec notamment une instrumentalisation des craintes relatives à l'islam et aux populations musulmanes. Le FN combat « une immigration massive qui met à mal notre identité nationale et amène avec elle une islamisation de plus en plus visible, avec son cortège de revendications. Le communautarisme est un poison contre la cohésion nationale[2] ».

Cette « désethnicisation » a commencé dès 2007. Marine Le Pen, directrice stratégique de la campagne de son père pour l'élection présidentielle, a alors imaginé une affiche où l'on voyait une jeune Beurette le pouce tourné vers le bas pour dénoncer l'échec de la droite et de la gauche à défendre les éléments centraux du

---

1. *Baromètre d'image du Front national*, janvier 2013. Sondage TNS Sofres pour *Le Monde*, France Info et Canal+.
2. Projet du Front national, http://www.frontnational.com/ le-projet-de-marine-le-pen/autorite-de-letat/immigration/.

pacte républicain que sont la nationalité, l'assimilation, l'ascenseur social et la laïcité (cf. « La "désethnicisation" de la question immigrée »). En d'autres termes, une jeune Française issue de l'immigration incarnait la défense des « valeurs républicaines ». Un tel discours présente une acceptabilité sensiblement plus grande que le discours ethnico-racial, qui ne trouve aucun point d'insertion dans le consensus républicain. Il en va différemment de celui de Marine Le Pen. En effet, des majorités parfois très fortes de Français déclarent leur inquiétude vis-à-vis de l'islam, de certaines de ses pratiques et de ses dérives. En mai 2012, 53 % des Français disent que le mot « islam » évoque pour eux quelque chose de négatif, contre 38 % seulement quelque chose de positif[1]. Si les électeurs de droite sont davantage touchés par l'appréciation négative (62 %), ceux de gauche restent tout de même profondément concernés (40 %). Le niveau de préoccupation est encore plus élevé à propos de certaines pratiques musulmanes : 75 % des Français interrogés considèrent que le port du voile intégral pose « un problème pour vivre en société en France » (66 % des électeurs de gauche, 85 % des électeurs de droite), et 73 % pensent de même au sujet des prières sur la voie publique (63 % des électeurs de gauche, 82 % des électeurs de droite). La fracture autour de la question de l'islam traverse donc tous les milieux politiques et sociaux, et offre au Front national, en pointe en matière de gestion de l'hostilité envers la religion musulmane, et parfois même de la pure et simple islamophobie, un bassin de recrutement électoral.

---

1. *Enquête post-électorale sur l'élection présidentielle 2012*, enquête réalisée par OpinionWay pour le Cevipof, 10-29 mai 2012.

La « désethnicisation » de la question immigrée

NATIONALITÉ
ASSIMILATION
ASCENSEUR SOCIAL
LAÏCITÉ

DROITE/GAUCHE
**Ils ont
tout cassé !**

Tél : 01 55 39 14 00 - www.lepen2007.fr

LE PEN
président 2007

Marine Le Pen a encore intensifié ce combat en liant le rejet de l'islam à la mise en avant d'un emblème fort de la République : la laïcité. Cette notion fait la quasi-unanimité chez les électeurs, quels que soient leur âge, leur milieu social et leur orientation politique : 85 % des électeurs de gauche, 84 % des électeurs de droite et 85 % des électeurs du centre considèrent la laïcité comme « quelque chose de positif ». Dès son arrivée à la tête du parti, en janvier 2011, Marine Le Pen a fait de l'exigence de laïcité le cœur de son discours : « L'État doit être le garant, y compris contre la dérive des partis, de la stricte application des principes républicains et en tout premier lieu de la laïcité. Dans notre pays qui a été meurtri par des guerres de religions multiséculaires, aucun culte ne doit empiéter sur la sphère publique ;

la foi doit rester une affaire strictement privée et son expression ne faire l'objet d'aucune provocation. L'État doit donc censurer et sanctionner toutes les atteintes à la loi de 1905, s'agissant par exemple de la participation publique directe ou indirecte à la construction de mosquées. Il doit interdire l'aménagement d'horaires particuliers dans les piscines pour les femmes musulmanes ou l'introduction d'interdits religieux alimentaires dans les cantines scolaires. Personne ne doit être conduit contre son gré ou à son insu à manger hallal. Au plan des principes, parce que cette question est centrale pour la paix publique, je répète que la République n'admettra aucune tentation théocratique. Il appartient aux fidèles de mettre leur pratique religieuse en accord avec la République[1]. »

Il s'agit bien là pour le Front national de gagner une bataille idéologique qui lui permettrait de rompre définitivement avec son enclavement dans les franges extrêmes de la culture politique française et de s'installer au cœur même du modèle républicain.

Alors que le melting-pot américain ou le multiculturalisme canadien sont fondés sur une diversité ethnique et sur une représentation politique qui la prend en compte, le modèle républicain français met l'accent sur une identité nationale fondée sur la citoyenneté et encourageant les immigrés à substituer à leur identité d'origine les valeurs et la culture françaises. Gauche et droite républicaines ont peiné, jusqu'à maintenant, à assumer les grandeurs et les servitudes de ce modèle, et c'est sur ces hésitations et ces interrogations que le Front national, héritier d'une droite extrême peu

---

1. Discours au congrès de Tours, 16 janvier 2011.

attachée à l'héritage républicain, a lancé son opération de récupération politique. Le parti de Marine Le Pen se nourrit des frustrations républicaines en cherchant à les inscrire dans un « néorépublicanisme » plus différentialiste qu'universaliste.

Cette nouvelle orientation apparaît clairement dans le discours prononcé par Marine Le Pen le 1er mai 2013. Affirmant son attachement profond aux valeurs républicaines, elle dit mettre au cœur de son projet la liberté, l'égalité et la fraternité, mais précise ce qu'elle entend par ces mots : « L'égalité, ce n'est pas l'égalité avec tous les citoyens du monde. C'est l'égalité entre citoyens français. [...] Où sont la solidarité et la fraternité ? La solidarité [...] n'est pas un droit acquis. La solidarité se mérite [...]. La fraternité enfin nécessite de la concorde, et l'on ne peut que juger très sévèrement ceux qui, pour des raisons électoralistes, divisent les Français sur des sujets sociétaux, cédant ainsi à la pression de lobbies ultraminoritaires. » Ainsi, les valeurs cardinales de la République sont dépouillées de leur dimension universaliste et réduites aux acquêts nationaux. Un modèle républicain revu et corrigé qui peut trouver un large écho auprès d'un électorat nourri de la nostalgie des « belles heures » de la République.

La fracture culturelle : la « demande d'autorité »

On a souvent présenté le mouvement de libéralisation culturelle engendré par la « révolution postmatérialiste » des années 1970 comme un processus continu, irréversible, destiné à se répandre indéfiniment.

C'est oublier que cette « révolution silencieuse[1] » a aussi suscité en retour, dans certaines catégories de population, un raidissement socioculturel et une demande croissante d'autorité, de tradition, de repli culturel et de fierté nationale. À partir des années 1980, le clivage entre la gauche et la droite qui a structuré toute la vie politique d'après guerre, organisé essentiellement autour d'enjeux économiques, voit se dessiner une nouvelle ligne de fracture, d'ordre socioculturel celle-ci, opposant une attitude libertaire de permissivité et d'ouverture et une attitude autoritaire prônant le repli ou la fermeture[2].

La révolution culturelle des années 1960 a promu de nouvelles valeurs et même, selon certains, une nouvelle classe, dans la mesure où la nouvelle classe moyenne, ou classe des services, s'est elle-même subdivisée en « managers » et en « professionnels socioculturels » porteurs de valeurs différentes. Les premiers sont pleinement insérés dans des entreprises où ils occupent des fonctions de responsabilité et de décision, et supervisent les tâches de leurs subordonnés. Les seconds évoluent dans des organisations moins tournées vers le marché, l'efficience et le contrôle du travail des autres. Ces derniers ont souvent été les forces dirigeantes d'une série de mouvements sociaux apparus dans les années 1970 et 1980 et cherchant à mobiliser au nom de valeurs universalistes

---

1. Ronald Inglehelt, *The Silent Revolution. Changing Values and Political Style Among Western Publics*, Princeton, Princeton University Press, 1977 ; id., *Modernization and Postmodernization. Cultural, Economic and Political Change in 43 Societies*, Princeton, Princeton University Press, 1997.
2. Herbert Kitschelt, *The Radical Right in Western Europe*, Ann Arbor, University of Michigan Press, 1995.

(droits de l'homme, émancipation des femmes, protection de l'environnement, solidarité avec les pauvres du tiers-monde...). Leur univers de référence est celui du « libéralisme culturel » et de la justice sociale, ouvrant un espace à de nouvelles formations politiques, essentiellement à gauche, telles que les partis écologistes ou encore ceux de la « nouvelle gauche ». Les premiers mouvements écologistes apparaissent ainsi dans les années 1970, et Les Verts-Parti écologiste sont fondés à l'automne 1982. La « deuxième gauche » se développe autour du PSU, du PS et de la CFDT au cours de la même période.

Aujourd'hui encore, ces sensibilités se caractérisent par un « libéralisme culturel » militant qui touche même le vieux PCF. Lors de l'élection présidentielle de 2012, ce sont les électeurs d'Eva Joly qui se disent les plus hostiles à la peine de mort (84 %, contre 65 % dans l'ensemble de l'électorat), les moins réticents à la présence d'immigrés (78 %, contre 49 %), les plus ouverts à l'homosexualité comme « manière acceptable de vivre sa sexualité » (91 %, contre 78 %) et les plus favorables à une école formant « avant tout des gens à l'esprit éveillé et critique » (86 %, contre 41 %)[1]. Sur l'ensemble de ces questions, les électeurs de Marine Le Pen sont de tous les moins « libéraux » culturellement, et se situent à l'opposé des électeurs écologistes. Ainsi, 60 % des électeurs qui ont choisi Marine Le Pen en avril 2012 sont favorables au rétablissement de la peine de mort, 88 % considèrent qu'« il y a trop d'immigrés en France » et 23 % seulement pensent que « l'école

---

1. *Enquête post-électorale sur l'élection présidentielle 2012*, Cevipof, juin 2012.

devrait former avant tout des gens à l'esprit éveillé et critique ».

Cette forte opposition au « libéralisme culturel » est le résultat d'un long processus de « renationalisation » de la politique qui a vu la défense de valeurs traditionnelles s'insérer de plus en plus dans une matrice nationaliste. Certaines valeurs « françaises », un mode de vie et d'être collectif seraient sous la menace de forces de « dénationalisation » portées par les flux migratoires, l'internationalisation de nos sociétés et le développement de formes supranationales de vivre-ensemble (Europe, gouvernance mondiale…). C'est ce qui explique qu'aujourd'hui 63 % des Français déclarent « ne plus se sentir chez eux comme avant ». Ce sentiment atteint 94 % chez les électeurs de Marine Le Pen, mais aussi 74 % chez ceux de Nicolas Sarkozy, 56 % chez ceux de François Bayrou, 41 % chez ceux de François Hollande et 38 % chez ceux de Jean-Luc Mélenchon.

En revanche, sur le plan de la vie privée, nombre d'électeurs du Front national participent à la diffusion d'une tolérance croissante en matière de mœurs. Par exemple, trois électeurs de Marine Le Pen sur quatre (75 %) considèrent que « l'homosexualité est une manière acceptable de vivre sa sexualité ». C'est tout à fait révélateur d'un mouvement culturel plus général qui traverse la société française, comme d'autres sociétés européennes, et exige à la fois plus de liberté privée et plus d'ordre public.

Pour tenter de prendre en compte cette évolution sociale et culturelle forte, Marine Le Pen ne cesse de faire des concessions à l'« air du temps », tout en offrant un exutoire à la demande d'autorité sensible dans la société française[1]. Il s'agit avant tout d'une demande d'ordre public, liée à la montée du thème de l'insécurité ; elle ne concerne pas la sphère privée, où les attitudes libérales et tolérantes ont plutôt progressé. Et la nouvelle patronne du Front national l'a bien compris, qui adopte des positions plus souples que celles de son père sur l'interruption volontaire de grossesse ou l'homosexualité. Ainsi, Marine Le Pen a constamment refusé de se joindre aux cortèges de « La Manif pour tous » protestant contre le mariage homosexuel durant le mouvement de janvier-février 2013. Cet attachement à préserver les libertés privées ne l'empêche pas d'appeler à un retour en force des valeurs d'ordre et d'autorité. Dans son discours de Tours de janvier 2011, elle dénonce l'« oppression du désordre » et reprend la sentence de Charles Péguy selon laquelle « seul l'ordre fait la liberté ». En cela, elle s'inscrit dans le courant, très fort depuis les années 1990, de dénonciation de l'idéologie antiautoritaire héritée de mai 1968.

Les mouvements libertaires de la fin des années 1960 ont conduit de nombreux observateurs à considérer que les sociétés postindustrielles étaient porteuses d'un nouveau cadre politique (« *New Politics* ») dans lequel des enjeux tels que la libéralisation des mœurs, la qualité de vie ou la promotion des minorités devenaient essentiels. Le retour en force de l'extrême droite a constitué un défi à cette grille d'analyse. Face au pôle libertaire de la « nouvelle politique », le souci de la loi et de l'ordre, le respect strict de l'autorité, une moins grande tolérance envers les minorités, l'attachement à certaines coutumes et valeurs morales traditionnelles,

---

1. Pierre Bréchon, Frédéric Gonthier (dir.), *Atlas des Européens. Valeurs communes et différences nationales*, Paris, Armand Colin, 2013.

ont refait leur apparition, portés entre autres par le vieillissement sensible des populations européennes[1]. D'une certaine manière, à la « nouvelle gauche » et aux mouvements sociaux des années 1970 ont succédé, dans les années 1980 et 1990, la « nouvelle droite » et les mouvements identitaires. Alors que les premiers semblent parfois s'essouffler et peiner à trouver des débouchés politiques, les seconds rencontrent un écho croissant dans les urnes et importent leurs thèmes dans certains mouvements sociaux.

Avec le délitement des liens sociaux, le sentiment d'insécurité et l'anomie ont progressé, faisant naître une demande d'appartenance, de communauté et d'identité à laquelle l'extrême droite et les néopopulismes s'efforcent davantage de répondre que les autres courants politiques. Dans son discours de Tours du 16 janvier 2011, Marine Le Pen, après avoir dressé le constat d'une « fracture identitaire et sociale » au sein de la société française, affirmait : « Nos valeurs de civilisation, nos traditions comme nos modes de vie ou nos coutumes sont contestés dans de nombreux endroits, dans nos écoles, dans les lieux publics ; dans des quartiers entiers ils perdent même droit de cité. » Face à cette situation, elle en appelait à une « politique de tolérance zéro » : « Nous n'avons plus le droit de ne pas être inflexibles. »

Tout comme les mouvements sociaux des années 1960 et 1970 ont beaucoup contribué à changer la gauche (création en 1969 d'un nouveau Parti socialiste, dans l'appareil duquel sont entrés de nombreux militants de ces mouvements, programme « Changer la vie » adopté par le PS en 1972...), la mobilisation croissante réussie

---

1. Dominique Reynié, *Populismes : la pente fatale*, Paris, Plon, 2011.

par le Front national lance un défi aux partis établis de la droite et tend à la redessiner. Le RPR et l'UDF ont été soumis à cette pression dès 1983-1984 et jusqu'à la création de l'UMP en 2002. Depuis, la pression est loin de s'être relâchée. La « droitisation » souhaitée par Nicolas Sarkozy en est l'un des signes frappants. Elle a visé à accorder une certaine légitimité à des thématiques jusqu'alors essentiellement véhiculées par le Front national : durcissement des peines, association explicite de l'immigration et de l'insécurité, défense des frontières comme rempart contre la dilution dans la mondialisation, déchéance de nationalité...

Au-delà de la stratégie droitière de Nicolas Sarkozy, on constate une évolution des valeurs des Français, de plus en plus associées à la droite, et même à la droite dure. Dans une enquête réalisée en mai 2013, l'Ifop a dégagé les linéaments d'un processus de « droitisation » de l'opinion publique française, et plus largement des opinions publiques européennes[1] (cf. « La "droitisation" de la société française »). Sous l'effet de la crise, du vieillissement démographique et des « ratés » des modèles d'intégration des populations issues de l'immigration, les sociétés européennes se sont ainsi considérablement durcies et fermées. Partout, la fermeté à l'égard de l'immigration et de la sécurité s'est renforcée. En mai 2013, 66 % des Français interrogés pensent qu'« il y a trop d'immigrés en France », 64 % qu'« on ne se sent en sécurité nulle part », et 54 % que « les chômeurs pour-

---

1. Ifop pour la Fondation Jean-Jaurès, *Enquête sur la droitisation des opinions publiques européennes*, sondage auprès d'un échantillon de 4 512 personnes interrogées en France, en Allemagne, en Belgique, aux Pays-Bas, en Espagne, en Italie et en Suisse du 16 au 29 mai 2013.

raient trouver du travail s'ils le voulaient vraiment ». Sur tous ces items – à l'exception de la question du chômage, la crise ayant fait reculer légèrement le rejet de l'« assistanat » –, la « droitisation » est sensible par rapport à 2006. Ainsi, entre avril 2006 et mai 2013, l'inquiétude sécuritaire a augmenté de vingt-quatre points et le rejet de l'immigration, de treize points.

La « droitisation » de la société française

Source : Ifop pour Fondation Jean-Jaurès, mai 2013.

La « droitisation » touche tous les électorats, y compris ceux de gauche : il s'agit bien d'un déplacement du centre de gravité idéologique vers la droite, et ce sur des thèmes qui, d'habitude, structurent fortement le clivage entre la droite et la gauche (sécurité, immigration, dénonciation de l'assistanat). Elle accompagne un mouvement de repli national et de protection face à la mondialisation et à l'Europe que nous avons déjà évoqué. Or, sur ce créneau alliant une « droitisation » de la société, une fermeture économique et un protectionnisme renforcé, on ne compte pas pléthore d'acteurs politiques. Seul le Front national développe une offre capable d'attirer des électeurs en quête à la fois de valeurs d'ordre et de protection nationale.

L'idée que l'État doit intervenir pour corriger et encadrer le marché est partagée par une grande majorité d'Européens et de Français : c'est le cas de 61 % des Français, contre 39 % seulement qui pensent qu'« il faut laisser faire le marché, l'État doit intervenir le moins possible »[1]. Mais cette position, qui s'inscrit à rebours de la vulgate libérale, n'est plus l'apanage de la gauche ; elle s'observe désormais dans les électorats de droite, particulièrement d'extrême droite. Le Front national l'a bien compris : « Répétons-le, la clef, c'est l'État. Il faut retrouver l'État en le remettant au service du peuple, et pour cela en chasser les coucous qui en ont fait la courroie de transmission des volontés des multinationales et de l'hyperclasse mondiale[2]. » En déplaçant ainsi le curseur idéologique vers l'État, Marine Le Pen rompt avec la pulsion néolibérale qui a un temps traversé son courant pour édifier un triptyque efficace et ravageur – autorité, protectionnisme, État – capable de répondre aux demandes et aux inquiétudes qui sourdent du tréfonds de la société française.

---

1. *Enquête sur la droitisation des opinions publiques européennes*, Ifop-Fondation Jean-Jaurès, juin 2013.
2. Discours d'investiture de Marine Le Pen à la présidence du Front national, 16 janvier 2011.

La fracture territoriale : les « périurbains »

Ce glissement des valeurs et des attentes est favorisé par certaines recompositions du territoire national. En effet, celui-ci, sous le coup des évolutions économiques et sociales, n'est plus porteur des mêmes conceptions du vivre-ensemble.

Après la Seconde Guerre mondiale, on évoquait souvent « Paris et le désert français[1] ». La France paraissait déséquilibrée entre une région parisienne macrocéphale et une province anémiée. Des décennies de développement économique et d'aménagement du territoire ont profondément modifié la donne : le territoire français s'est unifié sous les coups de l'urbanisation et de la décentralisation. Une véritable « armature urbaine », selon le terme utilisé par nombre de géographes et d'aménageurs, s'est peu à peu édifiée, avec un réseau d'une quarantaine de villes ayant des fonctions régionales plus ou moins étendues – en termes d'équipements, de télécommunications, de transports, de commerce, de banque et d'assurance, d'informatique, de recherche et d'industrie... La politique des « métropoles d'équilibre » engagée par la Datar dans les années 1960, prolongée par celle des pôles de développement, a contribué à créer un maillage urbain plus équilibré. La croissance démographique est devenue beaucoup plus forte dans nombre de métropoles régionales que dans la capitale, particulièrement dans les plus éloignées de Paris. On a pu avoir l'impression qu'une

---

1. Jean-François Gravier, *Paris et le désert français*, Paris, Le Portulan, 1947.

France harmonieuse et polycentrique était en train de se construire. Cependant, ces vingt dernières années, l'urbanisation s'est poursuivie non pas tant par le biais d'une concentration de la population dans les zones urbaines que par celui d'une extension du périmètre urbain et d'une relative dilution de la ville dans la campagne.

Au cours de la dernière décennie, la crise et le creusement de fractures et d'inégalités croissantes entre les divers territoires ont mis à mal ce dispositif. Dans un ouvrage paru en octobre 2012, l'économiste Laurent Davezies rappelle que, si « la spécialisation des régions [est] un phénomène ancien », l'accentuation des inégalités territoriales, elle, est beaucoup plus récente. Alors que depuis plus de trente ans les inégalités entre territoires, mesurées en fonction du revenu par habitant, ne cessaient de se réduire, « la crise a fait exploser plusieurs formes d'inégalités territoriales » et a « véritablement fracturé le pays ».

Cette « nouvelle fracture » permet de distinguer plusieurs France. Il y a d'abord une « France productive, marchande et dynamique, concentrée dans les plus grandes villes, où se forgent les nouveaux atouts de la compétitivité du pays ». Elle se caractérise souvent par un double mouvement d'embourgeoisement et d'immigration. La mobilité y est forte aussi bien pour le cadre et l'intellectuel que pour l'immigré. Elle donne naissance à une certaine vision de la ville ouverte et de la ville-monde où cohabitent centres urbains et banlieues. Aux côtés de cette France productive des métropoles s'épanouit une « France non productive, non marchande et pourtant dynamique, située à l'ouest d'une ligne Cherbourg-Nice », « qui vit d'une combinaison de tourisme, de retraites et de salaires publics ». À l'inverse de ces deux France dynamiques, certains territoires se sont enfoncés dans les difficultés. On peut ainsi repérer une « France productive, marchande et en difficulté, composée de bassins industriels déprimés, principalement dans la moitié nord du pays », « dont le déclin semble difficile à enrayer », et enfin une « France non productive, non marchande et en difficulté, située également dans le nord-est du pays et faite de territoires si frappés par le déclin industriel qu'ils dépendent essentiellement de l'injection de revenus sociaux[1] ».

Le risque politique que présente la déstabilisation des territoires les plus en difficulté est réel. Les zones sinistrées par la crise en termes de pertes d'emplois recouvrent de façon frappante celles où le Front national a enregistré ses meilleurs résultats lors des dernières élections, notamment au premier tour de la présidentielle de 2012. Ainsi, les régions industrielles du Nord-Est qui ont subi le choc de la crise de la manière la plus forte (Haute-Normandie, Picardie, Lorraine, Champagne-Ardenne, Franche-Comté) font toutes partie de cet arc du Nord-Est – d'Évreux à Besançon en passant par Cambrai, Charleville-Mézières, Briey, Forbach, Saint-Dié et Belfort – sensible au discours du nouveau Front national. Avec d'autres, elles forment une « France périphérique » qui rassemble en un véritable continuum socioculturel des marges périurbaines, de petites villes, des villes moyennes et des espaces ruraux où se concentrent nombre de couches populaires en difficulté. Ces dernières se recomposent d'ailleurs en s'étendant aux segments les plus fragilisés des couches moyennes. Christophe Guilluy remarque : « Le

---

1. Laurent Davezies, *La crise qui vient. La nouvelle fracture territoriale*, Paris, Seuil, 2012.

fait qu'une proportion importante d'ouvriers vote pour le FN n'est pas un phénomène nouveau ; en revanche, ce que l'on a constaté au cours des dernières élections, c'est la hausse du nombre d'employés, de femmes, de salariés du secteur tertiaire et de la fonction publique (les agents des catégories B et C) qui ont voté pour le Front national. Ce sont de nouvelles catégories populaires qu'hier encore on appelait les classes moyennes. Il faut donc comprendre cette France périphérique à l'aune de la ruine des classes moyennes, ou du moins de la fragilisation d'une partie d'entre elles[1]. »

Ces territoires qui s'égrènent au nord, à l'est, en Provence-Alpes-Côte d'Azur, le long de la vallée de la Garonne et, de plus en plus, dans la France centrale ont des profils divers mais partagent souvent quelques éléments communs. Ils sont en général constitués de petites communes où l'on compte peu d'immigrés, où les femmes travaillent peu, où les habitants nourrissent le rêve d'une maison individuelle en propriété avec un bout de jardin, où les lieux de travail sont éloignés du lieu de résidence, où les qualifications professionnelles sont faibles, où les dépenses contraintes (transport, chauffage, prêt immobilier) sont élevées. Cette France souvent silencieuse, dont on ne parle pas, ou peu, qui est distante des élites politiques et attire peu l'attention des urbanistes et des intellectuels, est le théâtre d'un véritable « retournement » du vieux rêve urbain, celui d'une ville qui s'étendrait, et, avec elle, toutes ses vertus réelles ou supposées d'ouverture, de mobilité, de modernité.

---

1. « La France périphérique et marginalisée : les raisons du ressentiment », entretien avec Laurent Davezies et Christophe Guilluy, *Esprit*, n° 393, mars-avril 2013, p. 23-33.

Comme le relève Laurent Davezies, ces nouveaux territoires à fonctionnement urbain « se ruralisent, dans le
sens où, alors que la ville est une machine à moderniser
les populations, un vecteur de transformation, les habitants de ces espaces – qui sont des urbains – retournent
plutôt vers l'attachement au sol, à la propriété, etc. ».
A tendance également à s'y développer un rejet même
de la ville, considérée comme bruyante, difficile à vivre,
chère et anarchique. L'espace périurbain devient donc
un refuge qui répond non seulement à des contraintes
matérielles (logement moins cher, niveau de vie moins
élevé), mais aussi à des aspirations sociales profondes.
Parmi celles-ci, il y a la volonté de retrouver un statut
social valorisant à travers l'accession à la propriété et
de pouvoir jouir d'une certaine « tranquillité sociale à
laquelle aspirent des ménages confrontés à des sociétés
urbaines de plus en plus ouvertes, mobiles et cosmopolites, mais également incertaines[1] ». Cette fonction
de réassurance sociale est particulièrement importante
pour ces populations qui font face à des incertitudes et
à des risques sociaux et économiques lourds.

Une autre « culture spatiale », revendiquée et assumée,
est donc en train de se mettre en place au cœur de
cette France périphérique. Le géographe Michel Lussault
décrit très bien cette conception du monde qui est celle
de nombre d'habitants de la France périphérique, ou de
ce qu'il préfère appeler la « ville diffuse » : « Très souvent, se localiser en périphérie se révèle donc d'abord un
choix qui témoigne d'une aspiration à l'entre-soi homo-
gène [...], du surinvestissement dans l'épanouissement

---

1. Marie-Christine Jaillet, « Peut-on encore vivre en ville ?
L'exemple de Toulouse », *Esprit*, n° 393, mars-avril 2013, p. 68-82.

familial et de la survalorisation de besoins spécifiques des enfants – leur bien-être est toujours invoqué lorsqu'il s'agit de justifier le choix de l'achat d'une maison dotée de son jardin –, d'une adhésion à un idéal de l'accumulation de capital transmissible fondé sur la rente foncière et immobilière, très puissant en France, mais aussi, et on ne peut le dissimuler, d'une réelle difficulté à envisager des cohabitations cosmopolites dans des périmètres plus centraux[1]. »

C'est cette nouvelle culture spatiale, et non pas seulement le sentiment que peuvent avoir ces populations périurbaines d'être abandonnées, qui nourrit le vote Front national. Jérôme Fourquet constate qu'il y a « un sur-vote et une poussée frontiste très significative dans le grand périurbain (regroupant les communes rurales et les petites villes situées entre vingt et cinquante kilomètres des grandes agglomérations) et inversement des scores très nettement inférieurs à la moyenne et en recul pour Marine Le Pen dans les métropoles[2] ». Alors que Jean-Marie Le Pen atteignait ses pics électoraux dans les premières couronnes des grandes agglomérations, sa fille bat des records d'implantation dans des communes éloignées de 30 à 50 kilomètres des centres métropolitains. Si elle ne recueille que 14,3 % des voix dans le premier gradient d'urbanité (0-10 kilomètres), son influence ne cesse de monter dans les gradients suivants pour atteindre un climax (21 %) dans le périurbain éloigné de 30 à 50 kilomètres du centre métropolitain

---

1. Michel Lussault, « L'urbain s'étale ! », *Esprit*, n° 393, mars-avril 2013, p. 131-143.
2. Jérôme Fourquet, *Le Sens des cartes. Analyse sur la géographie des votes à la présidentielle*, Paris, Fondation Jean-Jaurès, coll. « Les Essais », 2012.

(cf. « Le vote de la "France périphérique" en faveur de Marine Le Pen [2012] »). La progression est particulièrement significative chez les ouvriers et les employés de ces zones périurbaines : 32 % de ceux qui vivent à 30-40 kilomètres des centres métropolitains et 35 % de ceux qui en sont éloignés de 40-50 kilomètres ont voté pour Marine Le Pen, contre 29 % de l'ensemble des ouvriers et des employés au plan national.

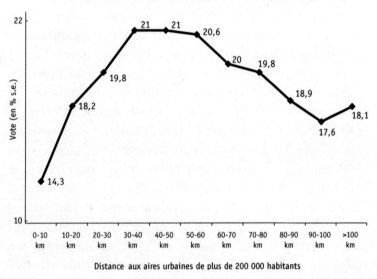

Le vote de la « France périphérique » en faveur de Marine Le Pen (2012)

Distance aux aires urbaines de plus de 200 000 habitants

Source : J. Fourquet, Ifop.

La très forte pénétration électorale du Front national dans l'espace périurbain renvoie à un certain nombre de difficultés caractéristiques de ces territoires : un niveau de revenus plutôt faible, une fragilité du tissu économique local liée à la concentration des emplois sur un nombre restreint d'entreprises, ce qui le rend très dépendant de toute fermeture de site, des salariés ayant davantage de difficultés à retrouver un emploi que ceux des grandes agglomérations, une forte sensibilité de la population à la hausse des prix du carburant, une progression de la petite et moyenne délinquance, enfin la disparition fréquente de certains services publics. Dans le choix d'habiter en zone périurbaine, qui peut être aussi bien un choix contraint (nécessité de quitter des territoires trop chers) que libre (volonté de prendre ses distances avec la grande ville), s'expriment des craintes, un sentiment de marginalisation et l'angoisse d'être rattrapé par la banlieue. C'est dans cet environnement que l'on retrouve les attitudes les plus favorables à toute une série de thématiques du Front national : 59 % des habitants du périurbain (40-50 kilomètres du centre métropolitain) considèrent qu'« il y a trop d'immigrés en France » (contre 47 % des habitants du centre métropolitain), 44 % pensent qu'« il faudrait rétablir la peine de mort » (contre 31 % dans les centres), 47 % estiment qu'« on ne se sent en sécurité nulle part » (contre 37 % dans les centres). La fracture territoriale entre France périphérique et France des métropoles a donc permis au Front national de s'installer au cœur de ce que l'on peut appeler une véritable « culture spatiale ».

Les métropoles-centres connaissent un destin tout différent. Contrairement à ce qui s'était passé dans les années 1970, elles ont été largement protégées des effets de la crise de 2008, notamment en termes d'emploi. Bien pourvues en activités productives modernes (par exemple dans le tertiaire supérieur : conseil, gestion, informatique), elles n'ont pas subi le même contrecoup que les autres secteurs (industrie, bâtiment et travaux publics...).

Dans cette France des métropoles qui va bien ou mieux, le Front national a connu un recul sévère. L'« effet Marine Le Pen » n'a pas joué, au contraire (cf. « Le déclin frontiste dans les grandes métropoles [1988-2012] »). Ainsi, entre 1988 et 2012, alors que la candidate du FN a progressé de 3,5 points par rapport à son père, elle a perdu entre 3 et 8 points dans l'ensemble des dix plus grandes villes françaises. Dans certaines d'entre elles (Paris, Lyon, Marseille, Montpellier, Strasbourg), on peut même parler d'un effondrement de l'influence lepéniste, marquant la distance qui s'est creusée entre leurs habitants et le discours du Front national.

Le déclin frontiste dans les grandes métropoles (1988-2012)

	J.-M. Le Pen 1988	M. Le Pen 2012	Évolution
Paris	13,4 %	6,2 %	−7,2
Lyon	16,8 %	9,9 %	−6,9
Marseille	28,3 %	21,2 %	−7,1
Toulouse	14,2 %	10,3 %	−3,9
Nice	25,9 %	23,0 %	−2,9
Nantes	10,8 %	7,8 %	−3,0
Strasbourg	20,0 %	11,9 %	−8,1
Montpellier	20,9 %	13,7 %	−7,2
Bordeaux	12,9 %	8,2 %	−4,7
Lille	16,3 %	13,4 %	−2,9
Ensemble national	14,4 %	17,9 %	+3,5

Source : Cevipof.

La fracture politique sur laquelle prospère le Front national recoupe donc de plus en plus une fracture territoriale qui peut devenir un gouffre. Si Marine Le Pen n'attire plus, en 2012, que 6,2 % des électeurs parisiens, elle en capte 34,3 % à Saint-Clair-sur-Epte, dans le Val-d'Oise, à seulement 60 kilomètres au nord de la capitale. Et si elle ne rassemble que 9,9 % des électeurs lyonnais, elle en agrège 32,2 % à Faramans, à 40 kilomètres au sud-est du centre de Lyon.

La crise a eu des effets spatiaux qui ont créé de nouveaux clivages entre pôles urbains centraux, périphéries rurbaines éloignées, campagnes désertifiées, régions industrielles dévitalisées... En dépit de la proximité spatiale, une distance sociale, culturelle et politique parfois vertigineuse s'est installée. Beaucoup d'hommes et de femmes vivent dans des territoires géographiquement proches mais culturellement très lointains. Le « bobo » parisien est culturellement plus proche du « bobo » berlinois ou londonien que d'un habitant de la Seine-Saint-Denis ou du Val-d'Oise qui vit pourtant à quelques kilomètres de chez lui. L'*affectio societatis* de la société s'en trouve profondément ébranlé. Nous sommes au cœur des nouvelles fractures françaises.

La fracture politique : les « déçus de la politique »

La politique, terme qui pendant des décennies a été chargé de multiples connotations positives associées au bien public, à la délibération, à la responsabilité et à l'espoir d'une société meilleure, évoque aujourd'hui pour beaucoup l'impuissance, le mensonge, la corruption et l'ennui. Un politologue britannique n'a-t-il pas écrit en 2007 un stimulant essai tentant de répondre à la question « Pourquoi haïssons-nous la politique[1] ? ». Les signes de cette désaffection sont nombreux, à commencer par l'augmentation régulière des taux d'abstention électorale, qui s'est engagée dans les années 1980 et s'est poursuivie et amplifiée au cours des deux décennies suivantes. La France est peu à peu devenue une véritable « société de défiance politique ». La chute du militantisme partisan et de l'engagement politique atteint toutes les organisations, de gauche comme de droite. Enfin, la faible légitimité des décisions publiques réduit fortement leur capacité à infléchir le cours des choses.

De multiples facteurs contribuent à ce déclin du politique : la montée en puissance de l'individualisme, qui déconnecte le citoyen du collectif auquel il appartient et de son destin en tant que groupe ; le développement d'un citoyen de plus en plus critique, consumériste et cynique ; l'érosion du « capital social » des individus, qui entraîne leur isolement et leur retrait de la participation politique et sociale... Depuis trente ans, le personnel politique a intégré l'idée, d'une part, que les comportements des électeurs sont instrumentaux et peu soucieux du bien public, et, d'autre part, que la globalisation économique a considérablement réduit sa propre capacité à répondre aux demandes des citoyens. D'où un puissant processus de désenchantement politique qui s'est progressivement transformé en ressentiment et en colère. En effet, le sentiment antipolitique ne s'apparente pas à un mécanisme inéluctable de dépolitisation. Pour reprendre les

---

1. Colin Hay, *Why We Hate Politics ?*, Cambridge, Polity Press, 2007.

catégories d'Albert O. Hirschman, face au déclin de la politique et des institutions les citoyens préfèrent souvent les stratégies de protestation à la sortie totale du système[1]. Cette fracture entre « insiders » et « outsiders »[2] du système est devenue déterminante dans nombre de démocraties. En France, le Front national a su s'affirmer comme une force porteuse d'un tel sentiment anti-politique. Il est aujourd'hui l'un des rares partis, sinon le seul, capable de réintégrer dans le système ceux qui le dénoncent. Alors que 26 % des personnes interrogées en décembre 2012 affirment que, en pensant à la politique, elles éprouvent avant tout du dégoût, elles sont 44 % à partager ce sentiment parmi les électeurs de Marine Le Pen. Si 30 % des Français interrogés déclarent ressentir de la méfiance, ils sont 38 % parmi les électeurs ayant soutenu Marine Le Pen. Si 87 % des Français disent ne pas avoir confiance dans les partis politiques, c'est le cas de la quasi-totalité des électeurs frontistes (97 %). Aucun élu, quel qu'il soit, ne trouve grâce à leurs yeux : 53 % n'ont pas confiance dans leur maire (contre 42 % dans l'ensemble de l'échantillon interrogé), 72 % dans leur conseiller général (contre 55 %), 74 % dans leurs conseillers régionaux (contre 57 %), 75 % dans leur député (contre 56 %), et 87 % dans leurs députés

---

1. Albert O. Hirschman, *Exit, Voice, and Loyalty : Responses to Decline in Firms, Organizations, and States*, Cambridge, MA, Harvard University Press, 1970 (trad. fr. *Face au déclin des entreprises et des institutions*, Paris, Éditions ouvrières, 1972).

2. C'est le sociologue américain Howard Becker qui a distingué, dans le domaine socioculturel, des « outsiders » (musiciens de jazz, fumeurs de marijuana) et des « insiders » dont la situation est définie par la société et son système de normes. On peut appliquer cette distinction au domaine politique. Cf. Howard Becker, *Outsiders. Études de sociologie de la déviance* [1963], Paris, Métailié, 1985.

européens (contre 68 %)[1]. C'est donc l'ensemble de la représentation politique qui est rejeté, dans des proportions sans commune mesure avec aucun autre électorat.

La représentation politique traditionnelle s'est irrésistiblement éloignée des citoyens, et le Front national s'est très solidement enraciné dans cette béance. Plus l'intérêt pour la politique baisse, plus le vote en faveur de la présidente du Front national est élevé. Alors que celle-ci n'a réuni en 2012 que 16 % des suffrages parmi les Français qui déclarent s'intéresser « beaucoup » à la politique, elle a atteint plus du double (35 %) chez ceux qui déclarent qu'ils ne s'y intéressent « pas du tout ». Cela donne au Front national une force électorale unique. Il détient cette capacité peu commune d'attirer les électeurs distants à l'égard du champ politique. Tous les autres candidats recueillent des soutiens beaucoup plus faibles que leur moyenne nationale dans l'électorat qui dit « ne pas s'intéresser du tout » à la politique. On retrouve cette exception lepéniste dans les tropismes politiques de l'électorat abstentionniste, où le potentiel de « vote dormant » pour le Front national est élevé.

Depuis les années 1980, l'abstention n'a cessé d'augmenter. Dans les années 2000, tous les records ont été battus : 28,4 % des électeurs inscrits à l'élection présidentielle de 2002, 33,5 % aux élections municipales de 2008, 59,4 % aux élections européennes de 2009, 53,7 % aux élections régionales de 2010, 55,7 % aux élections cantonales de 2011, 41,3 % aux élections législatives de 2012. L'attitude abstentionniste n'est pas seulement le signe d'une indifférence, mais aussi et peut-être surtout l'expression d'une insatisfaction et d'un mécontentement à l'égard du système

---

1. Cevipof, *Baromètre de la confiance politique*, vague 4, décembre 2012.

politique[1]. C'est cette part protestataire de l'abstention qui connaît une progression particulière depuis une vingtaine d'années, et ce dans tous les segments de la société. Une grande enquête réalisée en février 2011 sur la France abstentionniste montre que la motivation essentielle de ce comportement est l'impression que « le monde politique est corrompu »[2]. Ce même mécontentement diffus et ce même discrédit de la classe politique qui alimentent l'abstention peuvent aussi se traduire par une réponse électorale lepéniste. Appelés à dire leur préférence si le vote était obligatoire, 27 % des abstentionnistes choisiraient Marine Le Pen, 13 % Olivier Besancenot, 12 % Eva Joly, 12 % Nicolas Sarkozy, 10 % François Bayrou, et 10 % le candidat socialiste. Les candidats le mieux inscrits dans le système politique classique sont minoritaires (22 % pour le PS et l'UMP), les candidats porteurs de protestations en tout genre sont majoritaires (extrême gauche, écologistes, MoDem et extrême droite réunissent 62 % des choix), et la candidate du Front national se taille la part du lion. L'abstention a clairement une dimension de protestation qui pourrait, en cas de sursaut de la participation, contribuer à renforcer l'influence électorale du Front national.

La montée de cette protestation a eu pour effet de dérégler profondément le système de « quadrille bipolaire » qui a fait les beaux jours de la Ve République pendant plusieurs décennies. En effet, jusqu'aux années 1980, quatre grandes forces politiques – communisme, socialisme, gaullisme et droite non gaulliste –, rassemblées

---

1. Anne Muxel, « L'abstention : déficit démocratique ou vitalité politique ? », *Pouvoirs*, n° 120, 2007, p. 43-55.
2. *Enquête sur la France abstentionniste*, Ifop pour *Marianne* et Europe 1, février 2011.

en deux grandes coalitions – l'union de la gauche et le bloc conservateur –, ont organisé la vie politique et les alternances. Puis l'émergence et le développement du Front national et, à une moindre échelle, l'installation dans le paysage électoral des Verts et de l'extrême gauche sont venus perturber le système pour accoucher de ce qu'Olivier Duhamel a appelé le « sextuor cacophonique[1] ».

À partir de la fin des années 1980, le Front national a été l'élément majeur de cette cacophonie, comme le montre son poids croissant dans le total des droites. Alors que le parti lepéniste ne représentait que moins de 2 % des votes de droite à l'élection présidentielle de 1974, il comptait pour plus d'un quart en 1988 et en 1995, pour 30 % en 2002 et pour presque 38 % en 2012. Aujourd'hui, près de quatre électeurs de droite sur dix choisissent de voter en faveur du Front national. C'est l'un des principaux symptômes du dysfonctionnement de notre système bipolaire. La droite, minée en interne par cet élément de division, a de plus en plus de mal à retrouver une vocation majoritaire, sauf lorsqu'elle réussit, comme en 2007, à réduire l'influence électorale du FN en ralliant une partie de ses anciens électeurs. La montée des intentions de vote Front national dans la perspective des prochaines échéances électorales (municipales, européennes) semble indiquer qu'elle ne va pas renouveler la performance.

Le dérèglement du système bipolaire alimente la poussée en faveur du Front national et s'accompagne d'une

---

1. Olivier Duhamel, « Et après ? Sur les conséquences politiques nationales des élections de mars 1992 », *in* Philippe Habert, Pascal Perrineau, Colette Ysmal (dir.), *Le Vote éclaté. Les élections régionales et cantonales des 22 et 29 mars 1992*, Paris, Presses de Sciences Po/ Département d'études politiques du *Figaro*, 1992, p. 329-342.

crise qui perturbe la bipartition entre la gauche et la droite. Le malaise face au clivage gauche-droite n'a cessé de se creuser de manière régulière depuis le début des années 1980. En 1981, seuls un tiers des Français (33 %) étaient d'accord avec l'affirmation suivante : « Les notions de droite et de gauche sont dépassées : ce n'est plus comme cela qu'on peut juger les prises de position des hommes et des partis politiques. » En avril 1991, ils étaient 55 % à penser de même, et au début des années 2000, 60 %. Interrogés en décembre 2012, 68 % des Français ont déclaré qu'« aujourd'hui les notions de droite et de gauche ne veulent plus dire grand-chose ». Ce chiffre était encore plus élevé dans l'électorat frontiste (78 %)[1].

La présidente du Front national a une plus grande capacité que ses concurrents à entretenir la désillusion à l'égard du clivage gauche-droite et à en tirer profit. La propagande du parti reprend l'antienne selon laquelle il est l'exutoire naturel de ce rejet de la droite et de la gauche (cf. « Le Front national, expression politique du refus du clivage entre la gauche et la droite »). Cette prétention n'est pas contredite par la réalité, puisque Marine Le Pen est parvenue, en avril 2012, à attirer 24 % des électeurs qui ne se sentent « ni de gauche ni de droite », devant Nicolas Sarkozy (23 %) et François Bayrou (20 %). L'aptitude du Front national à récupérer ces « apatrides politiques », ces électeurs déboussolés ou insérés dans des processus de volatilité, est très importante. Une étude menée par le Cevipof de novembre 2011 à mai 2012 auprès d'un même échantillon d'électeurs – ce qui permet de suivre les itinéraires et les changements d'intentions de vote – révèle la

---

1. Cevipof, *Baromètre de la confiance politique*, vague 4, décembre 2012.

forte attractivité de Marine Le Pen auprès des électeurs mobiles entre la gauche et la droite[1]. Elle atteint 21 % des suffrages dans cette population lors du premier tour de l'élection présidentielle.

Le Front national, expression politique du rejet du clivage entre la gauche et la droite

---

1. Anne Muxel, « Les flux entre la droite et la gauche », *in* Pascal Perrineau (dir.), *La Décision électorale en 2012*, Paris, Armand Colin, coll. « Recherches », 2013, p. 129-149.

Si le Front national tire profit de la désaffiliation sociale, de la peur du déclassement et du sentiment de vulnérabilité que suscite la crise économique et sociale, il sait donc aussi très bien se présenter comme le refuge des « désaffiliés de la politique ». Parti populiste, il puise sa force et son dynamisme électoral au cœur de ces populations affectées par divers processus de désaffiliation souvent concomitants. Marine Le Pen sait particulièrement bien se saisir de tous ces registres pour lancer ses mots d'ordre. Avec une grande efficacité, elle instrumentalise les désarrois et les fragilités, exploite le sentiment – et la réalité – de désinsertion de collectifs d'appartenance autrefois stables. Ce terrain d'atomisation sociale est souvent favorable aux entreprises politiques qui promettent de réintégrer des citoyens dispersés ou mal intégrés dans une communauté nationale.

Comme cela a déjà été le cas dans le passé, le moment politique actuel est opportun pour le retour des nationalismes de défense et de protection. Le grand historien du nationalisme Raoul Girardet en avait tracé les contours dans la France de la fin du xixe et du début du xxe siècle : « Le nationalisme des nationalistes [...] n'est plus un nationalisme conquérant, un nationalisme d'expansion. Il est avant tout un mouvement de défense [...]. Ce qu'il veut, c'est tout d'abord dresser une digue, une ligne d'arrêt. Devant la poussée ou les infiltrations des barbares, les fortifications ne seront jamais trop hautes, les fissures trop bien colmatées, la garde trop bien assurée. Ainsi prend-il souvent un aspect exclusif, fermé, jaloux. Il tend à se figer, à se durcir, à s'enfermer dans l'orgueilleuse certitude de représenter seul les intérêts de la patrie. Il multiplie les exclusives, il prodigue les excommunications[1]... »

Dans l'entre-deux-guerres, ce nationalisme fermé apparu à la fin du XIXe siècle se montre capable de séduire nombre de citoyens touchés par les processus de désaffiliation qu'engendre la crise économique. À cette époque, de nombreux auteurs mettent au jour les liens qui existent entre le processus d'atomisation sociale caractéristique des sociétés de masse et la capacité des partis autoritaires – et parfois totalitaires – à récupérer les frustrations qu'il fait naître[2].

À certains égards, un semblable scénario se joue en ce début de XXIe siècle. Le Front national s'inscrit pleinement dans le double mouvement de déstructuration d'une société ancienne dont il entretient la nostalgie et de restructuration d'une société nouvelle qu'il ne cesse de diaboliser et d'ostraciser, pointant les contradictions et les limites d'une démocratie représentative qu'il considère comme détournée de ses fins de « représentation du peuple ». Comme le remarque Pierre-André Taguieff, on postule souvent que « les néo-populismes de droite européens, réduits à des rejetons de la vieille extrême droite, sont une menace pour la démocratie, alors qu'ils sont d'abord un symptôme du malaise démocratique[3] ».

---

1. Raoul Girardet, *Le Nationalisme français. Anthologie 1871-1914*, Paris, Seuil, 1983, p. 18.

2. Hannah Arendt, *Les Origines du totalitarisme* [1951], Paris, Gallimard, 2002 ; Emil Lederer, *State of the Masses. The Threat of the Classless Society* [1939], New York, Fertig, 1967 ; William Kornhauser, *The Politics of Mass Society*, New York, Free Press of Glencoe, 1959 ; Sigmund Neumann, *Permanent Revolution. Totalitarianism in the Age of International Civil War* [1942], Londres, Pall Mall Press, 1965.

3. Pierre-André Taguieff, *Le Nouveau National-Populisme*, Paris, CNRS Éditions, 2012, p. 17.

De fait, le programme du Front national dénonce le « déficit démocratique », dû selon lui au mode de scrutin majoritaire à deux tours, qui « empêche la représentation d'une part importante de l'électorat », à la « soumission du droit national au droit européen », à la « multiplication des transferts de compétences à des agences indépendantes », à « l'absence quasi systématique de recours au peuple via l'organisation de référendums » et, pis encore, à la « négation du vote référendaire comme ce fut le cas en 2008 ». Fondé sur l'opposition entre les élites et le peuple, le populisme du FN peut être décrit comme un « hyperdémocratisme », idéalisant l'image du citoyen qui dit son mot et réticent à l'égard des systèmes de représentation qui le dépossèdent de son pouvoir ou de ses initiatives. Dans cette conception, le pouvoir politique a été usurpé par une caste de politiciens professionnels qui prétendent servir les citoyens ordinaires, mais ne servent en réalité que leurs propres intérêts.

Cette thèse d'une « démocratie confisquée » par une élite introvertie trouve un large écho dans l'opinion publique. En juin 2012, 76 % des citoyens français interrogés par OpinionWay considèrent que « les responsables politiques ne se préoccupent en général pas de ce que pensent les gens comme [eux] ». Ils sont 88 % à partager ce sentiment parmi les électeurs de Marine Le Pen. Dans une enquête sur la confiance politique effectuée en décembre 2012, 54 % des personnes interrogées déclarent que « la démocratie ne fonctionne pas très bien ou pas bien du tout en France », un sombre diagnostic que partagent 74 % des électeurs de Marine Le Pen. Le parti frontiste se nourrit donc des dysfonctionnements de la démocratie. Comme le dit Pierre Rosanvallon :

« Le populisme pourrait être défini [...] comme politique pure de l'impolitique, anti-politique achevée, contre-démocratie absolue[1]. » En cela, le populisme politique dont est porteur le FN est une véritable pathologie qui s'apparente à un retournement pervers des idéaux et des procédures de la démocratie.

Dans les sociétés européennes des années 1960, de nombreux auteurs estimaient que les valeurs d'extrême droite qui pouvaient resurgir ici ou là, trouvant un écho dans des franges minoritaires et relativement isolées de la population, étaient étrangères aux valeurs démocratiques occidentales. En cela, l'extrême droite était qualifiée de « pathologie normale »[2]. Aujourd'hui, cette grille d'analyse est largement contestée[3]. L'extrême droite contemporaine, moderne, postindustrielle, fait pleinement partie des courants majeurs de nos sociétés. Les attitudes et les comportements qu'elle véhicule ne sont pas isolés ni ultraminoritaires, ils constituent plutôt le versant radicalisé de conceptions et d'idées largement répandues. À ce titre, l'extrême droite incarne une « normalité pathologique ». Les tentations du rejet de l'autre, du renforcement de la répression, du retour de l'autorité verticale ou d'une démocratie purifiée de toute corruption sont fortes, voire très fortes, dans la plupart des sociétés européennes. Une enquête réali-

---

1. Pierre Rosanvallon, *La Contre-Démocratie. La politique à l'âge de la défiance*, Paris, Seuil, 2006, p. 271.
2. Erwin K. Scheuch, Hans D. Klingemann, « Theorie des Rechtsradikalismus in Westlichen Industrigesellschaften », *Hamburger Jahrbuch für Wirtschafts- und Gesellschaftspolitik*, 1967 ; Daniel Bell (dir.), *The Radical Right*, Garden City, NY, Anchor, 1964.
3. Cas Mudde, « The Populist Radical Right : A Pathological Normalcy », www.eurozine.com.

sée en janvier 2013 par Ipsos a très bien dégagé les puissants courants à partir desquels le Front national peut commencer son processus de radicalisation : 70 % des personnes interrogées considèrent qu'« il y a trop d'étrangers en France (99 % chez les sympathisants du Front national), 74 % que « l'islam n'est pas compatible avec les valeurs de la société française » (94 % des sympathisants du Front national) ; 87 % sont d'accord avec l'idée qu'« on a besoin d'un vrai chef en France pour remettre de l'ordre » (97 % chez les sympathisants du Front national), 62 % pensent que « la plupart des hommes et des femmes politiques sont corrompus » (87 % chez les sympathisants du Front national)[1].

À travers son antienne corruption-immigration-sécurité, le Front national appelle à dénoncer la trahison des grands idéaux par les partis classiques et s'érige en machine à récupérer les « déçus » de la démocratie représentative. Pour certains, peut-être pessimistes, ce nouveau populisme, combiné à d'autres évolutions – comme la « gouvernance », qui tente de substituer le « management technique » au « gouvernement politique » des hommes –, est en train de mettre en place un régime qui pourrait bien être « l'hiver de la démocratie[2] ».

---

1. *France 2013 : les nouvelles fractures*, enquête Ipsos pour *Le Monde*, Fondation Jean-Jaurès, Cevipof, janvier 2013.
2. Guy Hermet, *L'Hiver de la démocratie ou le nouveau régime*, Paris, Armand Colin, 2007.

L'avenir du Front national

Un an et demi après l'élection de François Hollande, jamais le pouvoir exécutif n'a été aussi discrédité : 21 % seulement des Français font confiance au président de la République « pour résoudre les problèmes qui se posent en France actuellement », et 22 % à son Premier ministre, Jean-Marc Ayrault[1]. À droite, l'opposition emmenée par l'UMP pâtit d'une image médiocre : seules 22 % des personnes interrogées désirent voir Jean-François Copé « jouer un rôle important au cours des mois et des années à venir ». En revanche, 30 % souhaitent voir Marine Le Pen jouer un rôle important.

C'est la première fois que la présidente du Front national atteint un tel niveau dans le palmarès des cotes d'avenir, proche de celui de personnalités politiques telles que François Fillon (31 %), Alain Juppé (31 %) ou encore Nicolas Sarkozy (33 %). Par ailleurs, plusieurs enquêtes laissent entendre que le niveau d'influence électorale du Front national est élevé : un quart des Français (24 %) affirment qu'ils pourraient voter pour des listes de ce parti lors des élections municipales de mars 2014. On retrouve la même proportion dans la perspective des

1. Baromètre politique Sofres pour *Le Figaro Magazine*, novembre 2013.

élections européennes du mois de mai suivant[1]. Enfin, les derniers scrutins législatifs et locaux partiels montrent que, sur le terrain, la mobilisation électorale en faveur du Front national est forte. Au cours de l'année écoulée et sur des terrains différents (Oise, Lot-et-Garonne, Var), le Front national a éliminé la gauche au premier tour et s'est invité au second en atteignant presque 50 % des suffrages exprimés, en les dépassant même dans le canton de Brignoles, dans le Var.

Le désenclavement idéologique du Front national a indéniablement progressé. En septembre 2013, 34 % des Français interrogés par l'Ifop se sentent proches des idées de Marine Le Pen. C'est le cas de 97 % de ses électeurs, mais aussi de 38 % des électeurs de Nicolas Sarkozy, de 13 % de ceux de François Hollande et de 21 % de ceux de Jean-Luc Mélenchon. En février 2013, 47 % des Français interrogés par la Sofres déclarent que « le Front national ne représente pas un danger pour la démocratie en France », un pourcentage jamais atteint depuis la création de la mesure, en mai 1984. La moitié des sympathisants de l'UMP (51 %) envisagent la possibilité d'alliances avec le Front national.

Les barrières et les préventions contre le parti de Marine Le Pen se sont étiolées. Toutefois, le Front national demeure aux yeux d'une très large majorité de Français un parti de protestation et non de pouvoir : 54 % des personnes interrogées considèrent que « c'est seulement un parti qui a vocation à rassembler les votes d'opposition », et 35 % que « c'est un parti qui a la capacité de participer à un gouvernement ». Malgré ces réserves, l'évolution de l'opinion est plutôt favorable au

---

1. Sondage Ifop pour *Le Nouvel Observateur*, octobre 2013.

nouveau Front national. Rappelons qu'en janvier 2011 seuls 25 % des Français pensaient que le parti frontiste avait la capacité de gouverner.

Quatre hypothèses peuvent être examinées lorsqu'on envisage l'avenir du Front national. La première est le maintien, vaille que vaille, du statu quo : le FN conserverait sa position de forte minorité capable de gripper le jeu politique, mais pas de l'investir ni de le modifier. La deuxième est celle d'un parti exploitant la désillusion des milieux populaires vis-à-vis de la gauche au pouvoir et récoltant les « raisins de la colère ». La troisième est celle d'une profonde recomposition des droites où le Front national se nourrirait du désarroi de cadres, de militants et d'électeurs de l'UMP pour se présenter en alternative crédible au sein de la droite. Enfin, la dernière hypothèse est liée à un scénario qui s'est déjà produit dans le passé : les effets de la crise économique et sociale bouleverseraient totalement la donne politique et déboucheraient sur une demande populaire d'autoritarisme politique à laquelle le Front national viendrait répondre.

Le maintien du statu quo

Depuis plusieurs décennies, le Front national est installé dans le paysage politique dans le rôle d'une minorité de blocage sans avoir jamais réussi à s'insérer dans une coalition pouvant prétendre à accéder au pouvoir. Apparu sur la scène électorale dans les années 1980, le parti de Jean-Marie Le Pen a oscillé pendant plus de trente ans entre 9 et 18 % des voix. Selon les époques, il a représenté au mieux 33 % du capital électoral des droites (présidentielles de 2002 et 2012), au pis, 17 % (présidentielle de 2007). Cette influence non négligeable lui a permis de perturber le système de diverses façons – en constituant en 1986, grâce à la représentation proportionnelle, un groupe parlementaire à l'Assemblée nationale, en accédant au second tour de l'élection présidentielle de 2002, ou encore en interférant dans la dévolution à la droite de certaines présidences de conseils régionaux (1986, 1992, 1998). Toutefois, jamais il n'est parvenu, au plan national, à s'ériger en « faiseur de roi » ou à participer à l'élaboration de majorités politiques de remplacement. Depuis 1986, jamais la droite n'a dû sa victoire au Front national.

En 2012, à l'inverse, on peut dire que la gauche doit en partie sa victoire au Front national. Les droites et le centre ont rassemblé 56 % des suffrages lors du premier tour, tandis que les voix de gauche ne représentaient qu'à peine 43,7 % des voix. Si le ralliement à Nicolas Sarkozy des électeurs de François Bayrou et de Marine Le Pen avait mieux fonctionné, le président sortant pouvait espérer l'emporter d'une courte tête. Tel n'a pas été le cas. C'est au contraire sur François Hollande que les reports de voix de ces candidats ont été significatifs, permettant sa victoire : on estime qu'un million et demi d'électeurs du candidat centriste, mais aussi environ un million de ceux qui avaient voté pour la candidate du Front national, se sont ralliés au candidat de la gauche au second tour. C'est grâce aux transfuges du centre et de la droite que la gauche, nettement minoritaire au premier tour (moins de 44 % des suffrages exprimés), s'est retrouvée majoritaire (51,6 %) au second. Sachant que moins de 1 140 000 voix ont séparé François Hollande de Nicolas Sarkozy, on peut dire que l'apport frontiste à la gauche a été décisif. Le temps où le Front national ne jouait qu'à la marge du système est donc bien révolu.

Le maintien du statu quo impliquerait que le Front national cesse de connaître une telle dynamique électorale et que les barrières d'opinion à son encontre subsistent. Or, sur ces deux terrains, les évolutions récentes vont en sens contraire. Les élections partielles ainsi que les sondages d'intentions de vote pour les élections municipales ou européennes de 2014 font apparaître un Front national en hausse. Lors des cinq élections législatives partielles organisées depuis juin 2012 en France métropolitaine, la gauche de gouvernement a perdu plus de dix points et la droite de gouvernement en a gagné sept, le Front national augmentant son capital de suffrages de quatre points environ. Cette hausse vigoureuse place ce dernier au niveau du Parti socialiste et explique qu'il parvienne souvent à l'éliminer de la compétition de second tour. Même si elles doivent encore être considérées avec beaucoup de précautions, les enquêtes d'intentions de vote dans la perspective des élections européennes de mai 2014 semblent confirmer cette tendance. Les listes du Front national sont créditées de plus de 20 % des suffrages, alors qu'elles n'en réunissaient lors du dernier scrutin européen (2009) que 6,9 % et qu'elles n'ont jamais dépassé la barre des 12 % dans l'ensemble des élections européennes depuis 1979.

Le Front national se voit donc bien propulsé par cette fièvre électorale dans la catégorie des « grands partis ». Toutefois, cette stature ne suffit pas pour peser d'un poids politique majeur. On a pu s'en rendre compte avec le cas du Parti communiste de l'immédiat après-guerre au début des années 1960 : alors qu'il constituait l'une des principales forces électorales du pays, oscillant entre 19 et 27 % des suffrages exprimés, il se trouvait dans l'incapacité d'accéder au pouvoir, puisque aussi bien les grands partis démocratiques que l'opinion écartaient toute idée d'alliance politique et électorale avec lui. Son image de parti extrémiste, dangereux pour la vie démocratique et non intégrable dans une culture de gouvernement, l'a maintenu dans l'isolement pendant plus de quinze ans (1946-1962) alors même qu'il occupait une place centrale sur la scène politique française.

De même, le Front national a longtemps fait l'objet d'un rejet, et sa capacité à intégrer pleinement le système démocratique a été mise en doute. Pendant plus de vingt ans, de 1985 à 2012, il a clairement été identifié à « un danger pour la démocratie en France » par une très large majorité de Français (entre 50 et 75 %). Mais ce bouclier s'est quelque peu fissuré. En janvier 2013, pour la première fois, l'opinion des Français apparaît plus mitigée. Si 47 % d'entre eux considèrent que le parti de Marine Le Pen « représente un danger », une même proportion (47 %) se rallient à l'idée contraire[1]. Dans la même enquête, alors que 43 % des personnes interrogées estiment que Marine Le Pen est « la représentante d'une extrême droite nationaliste et xénophobe », 44 % pensent qu'elle est celle « d'une droite patriote attachée aux valeurs traditionnelles ». En même temps que les réticences à l'égard du parti lui-même, on voit reculer les réserves

---

1. Baromètre d'image du Front national pour *Le Monde*, France Info, Canal+. TNS Sofres, janvier 2013.

quant aux alliances politiques auxquelles il peut donner lieu. En mai 2000, 20 % seulement des personnes interrogées (29 % des sympathisants de la droite classique) envisageaient des alliances ponctuelles ou globales. Aujourd'hui, c'est le cas de 39 % des Français (51 % des sympathisants de l'UMP). Le Front national n'est donc plus seulement une force politique rejetée et isolée. Certes, pour une majorité de Français (54 %), il demeure cantonné dans sa fonction protestataire et sa « vocation à rassembler les votes d'opposition ». Seuls un tiers d'entre eux (35 %) estiment qu'« il a la capacité de participer à un gouvernement » (40 % chez les sympathisants de l'UMP). Et une très large majorité reste dans des dispositions défavorables à son égard : 63 % se disent en « désaccord avec les idées défendues par le Front national » et 63 % déclarent qu'ils n'ont jamais voté pour ce parti et n'envisagent pas de le faire à l'avenir. Mais les digues commencent à se fragiliser.

Pour les faire céder, le Front national s'efforce de se présenter en « parti responsable », pleinement inséré dans le jeu démocratique et susceptible de gouverner. Marine Le Pen parle de « transformer le FN en parti majoritaire » et d'organiser « un pôle de rassemblement à vocation majoritaire[1] ». Une des manifestations les plus récentes de cette volonté d'intégration est la publication en septembre 2013 d'une « Charte d'action municipale au service du peuple français », dans laquelle le Front national, pour la première fois de son histoire, se dit ouvert à des alliances avec des can-

---

1. « Marine Le Pen promet une mue du FN en parti de gouvernement », LePoint.fr, 23 mars 2011.

didats d'un autre bord, sous réserve qu'ils respectent dix principes : « Dans un esprit de rassemblement au service de l'intérêt général, le Front national et ses représentants sont favorables à des accords locaux et [à] la constitution de listes communes de candidats aux élections municipales avec des individus ou des organisations s'engageant à respecter les principes suivants dans le cadre de leur action municipale. » Les principes énumérés vont du refus de toute augmentation de la fiscalité à la protection de « la tranquillité et de la sécurité, première des libertés », en passant par les efforts pour « mettre fin aux installations sauvages de nomades », la défense rigoureuse de la laïcité républicaine ou encore la promotion d'un « urbanisme respectueux de l'architecture locale »[1]. Toute référence aux aspects les moins consensuels du programme du parti (priorité nationale, protectionnisme, sortie de l'euro...) est gommée.

Le Front national sulfureux des origines emprunte désormais la voie de l'intégration politique. Dans ces conditions, le scénario du maintien du statu quo n'est pas le plus probable.

La brèche à gauche

Lors de l'élection présidentielle de 2012, les milieux populaires sont en partie revenus vers la gauche et François Hollande. Au second tour, celui-ci a rassemblé

---

1. « Charte d'action municipale au service du peuple français », 2 septembre 2013, www.frontnational.com/2013/09/accords-et-alliances-aux-elections-municipales-de-mars-2014.

59 % des suffrages des ouvriers et 51 % de ceux des employés, ce qui contraste nettement avec l'attraction que ces deux catégories avaient éprouvée pour Nicolas Sarkozy en 2007. La déception née de la présidence Sarkozy a donc permis un partiel retour en grâce de la gauche dans les catégories populaires. Mais il aura été de courte durée : à peine investi, le nouveau pouvoir socialiste a rencontré une forte impopularité et un désamour fulgurant.

La sanction vient avant tout des milieux populaires et de la gauche. En un an, le président de la République a vu son image se dégrader comme jamais aucun de ses prédécesseurs de la Ve République. De mai 2012 à avril 2013, il perd 38 % d'appréciations positives de son image et de son action en tant que président de la République, passant de 54 à 26 %. Chez les employés (– 37 %), les ouvriers (– 38 %) et les personnes appartenant à un foyer où le revenu net mensuel est inférieur à 1 200 euros (– 39 %), son crédit apparaît très entamé. Pour un président de gauche qui avait fait de la reconquête des milieux populaires l'un des axes de sa stratégie, c'est un échec majeur.

Sur quel parti, sur quelle force politique cette gauche populaire déçue par le socialisme au pouvoir choisirat-elle de se reporter ? La capacité de l'UMP à récupérer ce mouvement de fronde est très faible, nombre de couches populaires s'étant éloignées durablement de la droite classique au cours du quinquennat de Nicolas Sarkozy. Celle de la « gauche de la gauche » l'est tout autant : la protestation organisée autour de Jean-Luc Mélenchon et du Front de gauche capte davantage le monde de la fonction publique et les couches moyennes salariées. Depuis la chute du communisme, à la fin des années 1980, toute force politique agitant cette référence suscite le scepticisme dans les milieux populaires. Restent deux réceptacles possibles pour cette profonde désillusion : le refuge dans l'abstention ou le vote lepéniste. Pour l'heure, les deux options semblent être explorées parallèlement.

La capacité du Front national à capter à son avantage la déception des milieux populaires face à la gauche n'est pas une nouveauté. Lors de l'élection présidentielle de 1995, on a pu voir des électeurs appartenant aux couches populaires, longtemps arrimés à la gauche, usés par la crise économique et sociale, ayant connu de multiples alternances entre droite et gauche, chercher une troisième voie non encore explorée et se tourner vers le Front national, bien qu'ils eussent été peu séduits par le lepénisme personnalisé des débuts[1]. Ce « gaucho-lepénisme » comportait trois dimensions. C'était tout autant un gaucho-lepénisme d'origine – nombre de nouveaux électeurs frontistes venant d'un électorat de gauche déçu – qu'un gaucho-lepénisme de l'instant – certains électeurs votant Front national tout en continuant de revendiquer leur appartenance à la gauche – et un gaucho-lepénisme de destination – certains électeurs lepénistes n'hésitant pas à choisir le candidat de la gauche au second tour.

Ces trois gaucho-lepénismes marquent différents degrés dans le détachement des électeurs de gauche et leur ralliement au Front national. Certains électeurs rompent totalement les amarres avec la gauche et oublient leurs choix du passé. D'autres vivent dans

---

1. Pascal Perrineau, « La dynamique du vote Le Pen. Le poids du gaucho-lepénisme », *op. cit.*

la tension entre une affiliation maintenue à la gauche et un choix électoral en faveur du Front national. D'autres enfin investissent leurs divers tropismes politiques dans un choix bifide, favorable au Front national au premier tour et orienté à gauche au second tour. En 1995, plus le Front national était en hausse au premier tour par rapport à l'élection présidentielle précédente, plus la dynamique de gauche du premier au second était forte. La gauche s'est montrée capable de récupérer au second tour une partie des électeurs de gauche qui avaient choisi le vote Front national au premier tour.

Depuis lors, ce « gaucho-lepénisme » est resté une réalité, même si nombre d'analystes ont du mal à le penser en raison de son atypie. Les observateurs politiques sont souvent rétifs aux lectures qui rapprochent l'extrême droite de la gauche. Celle-ci, dans toutes ses sensibilités, est envisagée comme un ensemble idéologique étranger à la culture de droite, a fortiori de droite extrême. Elle ne pourrait que rester étrangère à toute forme de compromission ou de rapprochement avec les valeurs frontistes. La même réticence intellectuelle, les mêmes tabous, existaient dans les années 1950 et 1960 à propos des analyses mettant au jour des ressorts communs entre les totalitarismes communiste et fasciste[1]. C'était encore le cas dans les années 1970, lorsque Jean-Pierre Faye analysait les langages totalitaires et montrait, à travers sa « théorie du fer à cheval », la manière dont

---

1. Sur cette question, on pourra se reporter à Géraldine Muhlmann, Évelyne Pisier, François Châtelet, Olivier Duhamel, *Histoire des idées politiques*, Paris, PUF, 2012, chapitre VII : « L'État à l'épreuve du totalitarisme ».

les extrêmes partisans s'étaient rejoints dans l'Allemagne de 1932[1].

En dépit de ces résistances, de nombreuses enquêtes indiquent aujourd'hui que l'écho du Front national ne s'arrête pas aux portes de l'univers des droites, et qu'il atteint des milieux politiques apparemment éloignés, comme ceux de la gauche et de l'extrême gauche. En mai 2012, 6 % des électeurs dont l'orientation déclarée sur une échelle gauche-droite se situe à gauche ont voté en faveur de Marine Le Pen ; 20 % de ceux qui se déclarent proches d'un parti d'extrême gauche et qui se sont déplacés en 2012 ont choisi la présidente du Front national. Quelques mois plus tard, lors d'élections législatives partielles qui se sont tenues dans des terres aussi différentes que l'Oise ou le Lot-et-Garonne, les candidats du FN ont réussi à atteindre le second tour en éliminant la gauche. Ils ont ensuite bénéficié de dynamiques fortes entre les deux tours, provenant essentiellement d'électeurs de gauche qui s'étaient ralliés au Front national. Dans la perspective des élections européennes de mai 2014, 11 % des personnes ayant voté François Hollande en 2012 annoncent leur intention de voter pour des listes Front national. C'est aussi le cas de 14 % des électeurs de Nicolas Sarkozy en 2012. Le contingent de nouveaux électeurs apportés au Front national par la gauche devient presque équivalant à celui fourni par la droite[2]. On voit bien que ce « gaucho-lepénisme » qui semble monter en puissance pourrait entraîner, s'il se développait encore davantage, de profondes recompositions politiques.

---

1. Jean-Pierre Faye, *Langages totalitaires*, Paris, Hermann, 1973.
2. Sondage Ifop pour *Le Nouvel Observateur*, octobre 2013.

Pourquoi cette accélération d'une dynamique longtemps marginale et contenue ? Certains électeurs de la gauche et du Front national ont pris l'habitude de se retrouver côte à côte dans les urnes, notamment lors des référendums sur la question européenne, et particulièrement lors de celui de 2005 sur le traité constitutionnel européen, où un même tropisme social-nationaliste les a réunis un temps[1]. Ainsi, 95 % des électeurs proches du PCF et 96 % des sympathisants du Front national ont voté en faveur du non. Ils ont été rejoints par 59 % des sympathisants du Parti socialiste[2]. C'est autour d'un ensemble de préoccupations nationales et sociales (situation de l'emploi, hostilité à l'égard des délocalisations, dénonciation d'une « Europe libérale », mise en avant de la nécessité de fortes protections économiques et douanières...) que ces électeurs se sont rapprochés.

Ce compagnonnage électoral a ensuite trouvé des prolongements, notamment dès lors que Marine Le Pen a fait un pas en direction de thématiques de gauche – la République, la laïcité, l'État et les services publics – et accentué la dimension antieuropéenne de son discours. Les convergences électorales peuvent s'accompagner de rapprochements idéologiques qui favorisent à terme le franchissement de la barrière gauche-droite ainsi que la fidélisation d'électeurs venus de la gauche et déçus par elle. La crise économique et financière de 2008 et ses effets sociaux ont pu unir dans une même colère des électeurs issus d'horizons politiques différents. Ce ressentiment est particulièrement susceptible de s'étendre

---

1. Dominique Reynié, *Le Vertige social-nationaliste, op. cit.*
2. Sondage Jour du vote, TNS Sofres, 29 mai 2005.

dans les moments de crise et dans les sociétés démocratiques où la valeur d'égalité reste centrale, comme c'est le cas en France. En 1919, Max Scheler, analysant les logiques du ressentiment, notait : « Le ressentiment doit [...] se trouver au maximum dans des sociétés comme la nôtre où des droits politiques, et à peu près uniformes, c'est-à-dire une égalité sociale extérieure officiellement reconnue, coexistent à côté de très considérables différences de fait, quant à la puissance, à la richesse, à la culture[1]... » Ainsi, certains traits de la culture populaire de gauche peuvent trouver un écho ou un relais dans une force politique qui fait de la « critique de ressentiment » l'un des ressorts fondamentaux de son programme et de son discours.

La dynamique électorale de Marine Le Pen est particulièrement frappante sur des « terres de gauche » et dans des milieux sociaux jadis acquis aux partis de gauche. C'est là l'élément majeur de sa réussite et de sa progression. La candidate du Front national est arrivée en tête chez les électeurs de milieu ouvrier lors du premier tour de l'élection présidentielle de 2012 avec 27 % (contre 24 % à François Hollande, 21 % à Nicolas Sarkozy et 12 % à Jean-Luc Mélenchon). Une enquête d'octobre 2013 révèle que les listes du Front national attirent 44 % des intentions de vote des ouvriers et 36 % de celles des employés dans la perspective des élections européennes de mai 2014[2]. Jamais un tel niveau d'influence n'avait été enregistré en milieu populaire. Cette avancée s'était déjà fait sentir en 2002, où de vieilles terres populaires

---

1. Max Scheler, *L'Homme du ressentiment* [1919], Paris, Gallimard, 1970.
2. Sondage Ifop pour *Le Nouvel Observateur*, octobre 2013.

de gauche telles que le Bourbonnais, le Berry, la Marche, le Limousin ou encore le Périgord et l'Agenais avaient vu le parti frontiste progresser fortement.

Derrière ces reclassements électoraux se cachent une série de phénomènes touchant à la socialisation politique, à la transmission familiale, aux évolutions des systèmes de valeurs et d'appartenances, et venant affecter les modes d'affiliation politique dans une dynamique générationnelle. Certaines ruptures dans la transmission intergénérationnelle des systèmes d'orientation politique peuvent favoriser un ralliement frontiste. Des milieux familiaux jadis porteurs d'une culture de gauche et se reproduisant de génération en génération connaissent aujourd'hui un brouillage de certaines de leurs valeurs comme de leurs repères dans l'univers de la gauche, et peuvent se tourner vers le Front national. Ce phénomène qui voit certaines valeurs du « peuple de gauche » entrer en dissonance avec les valeurs officiellement revendiquées par la gauche partisane et idéologique n'est pas nouveau. Dans une enquête réalisée en 1969 sur l'ouvrier français[1], on apprenait que 71 % des ouvriers interrogés considéraient qu'« il y [avait] trop de Nord-Africains en France » ; 59 % pensaient de même pour les Espagnols et les Portugais. Cette xénophobie était autant le fait des ouvriers de gauche que de ceux de droite : 70 % des électeurs ouvriers de Jacques Duclos, candidat du Parti communiste français, partageaient cette appréciation, de même que 69 % des électeurs ouvriers de Georges Pompidou, 68 % des

---

1. Gérard Adam, Frédéric Bon, Jacques Capdevielle, René Mouriaux, *L'Ouvrier français en 1970. Enquête nationale auprès de 116 ouvriers d'industrie*, Paris, Armand Colin, 1970.

ouvriers affiliés à la CGT, 72 % de ceux de la CFDT ou encore 62 % de ceux de Force ouvrière. Dans les années 1970, tout un éventail d'attitudes et de comportements propres aux milieux populaires de gauche se trouvaient représentés dans les organisations politiques et syndicales de la gauche. Le 6 janvier 1981, dans une lettre adressée au recteur de la mosquée de Paris, Georges Marchais, secrétaire général du PCF, écrivait : « La présence en France de près de quatre millions et demi de travailleurs immigrés et de membres de leurs familles, la poursuite de l'immigration, posent aujourd'hui de graves problèmes. Il faut les regarder en face et prendre rapidement les mesures indispensables. [...] il faut arrêter l'immigration, sous peine de jeter de nouveaux travailleurs au chômage [...]. Je précise bien : il faut stopper l'immigration officielle et clandestine. »

Aujourd'hui, plus aucun appareil de la gauche française ne pourrait soutenir une telle argumentation. L'embourgeoisement social et culturel de la gauche a rendu ce type de discours – sur l'immigration, les valeurs d'ordre et d'autorité, la valorisation nationale par rapport à des « *outgroups* » plus ou moins stigmatisés – totalement étranger à son univers. Il y a là une profonde rupture culturelle et un point de brisure avec les représentations sociales comme avec les attentes des classes populaires. C'est comme si la gauche croyait parfois pouvoir faire « sans le peuple »[1]. En 1972, dans sa lumineuse sociologie politique de la Lorraine, Serge Bonnet constatait déjà que « le communisme populaire

---

1. Laurent Bouvet, *Le Sens du peuple. La gauche, la démocratie, le populisme*, Paris, Gallimard, 2012.

ne réagit pas comme le marxisme savant ». Il montrait ainsi que le peuple communiste lorrain partageait un patriotisme profond non exempt de pulsions xénophobes à l'égard du « Boche », du « Teuton » ou du « Prussien »[1]. Depuis, cet écart entre le peuple de gauche et les élites qui le représentent s'est accru. Une brèche s'est ouverte, qui peut donner lieu à toutes sortes de recompositions politiques et à toutes formes de distanciation ou de rejet.

Des ruptures de transmission peuvent également survenir dans la chaîne des générations. Nombre de fils de mineurs communistes du Pas-de-Calais ou de sidérurgistes cégétistes de la vallée de la Fensch, dans la Moselle, ont quitté l'univers de référence de la gauche politique ou syndicale pour rejoindre directement la protestation frontiste. Les organisations partisanes comme le PCF, syndicales comme la CGT ou associatives comme la Confédération nationale du logement (CNL), qui pouvaient agréger au sein d'une unique culture de gauche les inquiétudes et les attentes de segments entiers des milieux populaires, occupent nettement moins le terrain politique que par le passé. C'est tout un encadrement institutionnel, syndical et partisan qui a peu ou prou disparu de certains quartiers ou de certaines régions. L'offre idéologique du Front national s'est engouffrée dans cet espace politique laissé vacant.

---

1. Serge Bonnet, *Sociologie politique et religieuse de la Lorraine*, Paris, Presses de la Fondation nationale des sciences politiques, 1972.

Quand un homme de gauche migre vers le Front national

**Interview de Fabien Engelmann par Pierre Cassen,
31 janvier 2011 (extraits)[1]**

F.E. – J'ai commencé à m'intéresser très jeune à la politique, en prenant conscience des inégalités sociales, en voyant tous ces ouvriers et salariés licenciés comme des malpropres – alors que ce sont eux qui font tourner l'économie – par certaines entreprises, lorsque les patrons-voyous du CAC 40 délocalisent pour accroître leurs profits, grâce à une main-d'œuvre bon marché. Je trouvais cela immoral et choquant. J'ai donc pris contact avec Lutte ouvrière, car j'appréciais Arlette Laguiller pour son franc-parler et sa sincérité. J'ai milité avec eux, de 2001 à juin 2008, en étant candidat à diverses élections sous leur bannière, mais malheureusement le côté assez fermé de LO et sa tendance à refuser l'association avec d'autres forces de gauche, lors de certaines élections, m'ont amené à reconsidérer mon choix politique. En mai 2009, un peu avant les élections européennes, j'ai rejoint le NPA [Nouveau Parti anticapitaliste], car je trouvais intéressante l'idée de réunir la gauche de la gauche autour d'un programme commun. Grande a été notre déception quand, avec mes amis du comité NPA de Thionville, nous avons appris que notre parti présentait une candidate voilée aux régionales, dans le Vaucluse. Nous nous sommes aussi rendu compte que toute critique de l'islam était immédiatement taxée de racisme ou d'islamophobie, alors même que les critiques à l'encontre du catholicisme ou d'autres religions étaient les bienvenues. Quelle drôle de conception de la laïcité ! [...] Nous sommes tous partis. Marine Le Pen [...] a su dédiaboliser le FN, qui, je pense, a souvent été victime de caricatures par les bien-pensants. Actuellement, elle est la seule à défendre véritablement la loi de 1905.

1. http://rlpostelaique.com/Fabien-Engelmann-Pourquoi.html.

[...] Elle apporte des solutions contre la mondialisation, et donc contre les délocalisations, elle propose aussi de lutter contre la concurrence imposée de la main-d'œuvre étrangère avec la main-d'œuvre « locale » dans le but avoué de faire baisser les salaires quitte à jeter au chômage des Français. [Elle] lutte aussi contre l'Europe de Bruxelles qui nous appauvrit de jour en jour. [...] avec 5 millions de chômeurs en France, nous ne pouvons plus accepter autant d'immigrés. Bien sûr, on est toujours touché par le parcours de certains clandestins issus de pays pauvres ; pour empêcher ces déracinements, les peuples de ces pays devraient s'inspirer de la révolution tunisienne, afin d'instaurer chez eux une véritable démocratie laïque et non islamique, et veiller à ce que les richesses de leur pays, qui sont souvent immenses, ne soient pas détournées par les élites. Aussi, lorsque Jean-Luc Mélenchon dit vouloir régulariser tous les sans-papiers, je ne suis pas d'accord : nous n'avons ni l'obligation morale ni la possibilité d'accueillir toute la misère du monde, comme le disaient le socialiste Michel Rocard ou le communiste Georges Marchais, lequel, dans les années 1980, réclamait l'arrêt de l'immigration.

P.C. – Te considères-tu toujours de gauche, après un tel engagement ?

Que veut dire être de gauche aujourd'hui, puisque la gauche pratique quasiment la même politique que la droite ? Je me considère donc comme un citoyen républicain et laïque, au service du peuple et des Français. Voyez autour de vous le nombre de gens de gauche, comme de droite, qui déclarent ouvertement vouloir voter pour Marine le Pen. Il n'y a plus de tabou ; le FN est désormais un parti politique qui fait partie du paysage, au même titre que les autres. Mon parcours peut vous paraître étonnant, mais en réalité il ne fait qu'illustrer un mouvement majeur de tectonique des plaques politiques, qui me dépasse largement.

Georges Lavau a montré comment un système politique neutralise les forces centrifuges en parvenant à les intégrer politiquement[1]. Des partis opposés au système assurent de manière latente une « fonction tribunitienne », en référence au tribun de la plèbe dans la république romaine. Pendant longtemps, le PCF, en prenant en charge les préoccupations des catégories sociales les plus défavorisées afin de défendre haut et fort leurs intérêts, a rempli une telle fonction. Aujourd'hui, c'est le Front national qui l'assume et la revendique. Il parvient même à intégrer les velléités révolutionnaires de nombreux jeunes des milieux populaires. Le témoignage de Fabrice Engelmann, secrétaire de la CGT des agents territoriaux de la mairie de Nilvange, dans la Moselle, et adhérent du Front national depuis 2010, est tout à fait révélateur de ces mutations (cf. encadré « Quand un homme de gauche migre vers le Front national »). Il montre à la fois la manière dont des valeurs de gauche (défense des services publics, rejet des licenciements, attachement à la laïcité, maintien des salaires…) peuvent s'investir au Front national et comment un jeune ouvrier peut abandonner les références classiques de la gauche en se rangeant aux solutions de la « préférence nationale ».

Dans un contexte de crise sociale et politique aiguë, la candidate du Front national parvient ainsi à capter le vote d'électeurs de gauche attirés par des thématiques sociales et économiques proches de leur univers de référence (protectionnisme, laïcité, référence à la République,

---

1. Georges Lavau, *À quoi sert le Parti communiste français ?*, Paris, Fayard, 1981.

intervention de la puissance publique dans la sphère de l'économie, attachement aux services publics...). Certains électeurs rompent avec leur famille politique d'origine – de gauche – et rallient ce qui s'apparente à un nationalisme social : 27 % des électeurs de Marine Le Pen déclarent que leur père était de gauche, 38 % qu'il était de droite, et 17 % qu'il n'était ni de gauche ni de droite[1]. Contrairement aux électeurs de Nicolas Sarkozy (17 % avaient un père de gauche, 52 % un père de droite, 18 % un père ni de gauche ni de droite), ceux de Marine Le Pen ne viennent pas majoritairement d'un milieu de droite. Plus d'un quart proviennent d'une famille de gauche. On comprend mieux dans ces conditions pourquoi certains électeurs se sentant encore proches de la gauche n'hésitent pas à franchir le pas du vote en faveur de Marine Le Pen. Et l'on peut fort bien imaginer que, dans les mois et les années à venir, la désillusion de nombreux électeurs de gauche s'impose comme l'un des ressorts premiers de la progression du Front national.

La capacité du Front national à se maintenir au second tour en évinçant le candidat de la gauche est la marque d'une rétraction de la gauche et d'un descellement de sa base électorale. Si ce mouvement s'amplifie, le Front national deviendra une force politique dominante à côté de l'UMP. Les seconds tours de nombreuses élections partielles récentes (Oise, Lot-et-Garonne, canton de Brignoles) ont donné un avant-goût de ce scénario : la gauche exclue, le combat politique se résumait à un affrontement entre l'UMP et le Front national. D'acteur décisif de la vie politique, la gauche se transformait en témoin et en observateur. Cette marginalisation montre

---

1. Sondage postélectoral, Cevipof-OpinionWay, 2012.

toute la menace que le Front national fait peser sur la gauche.

La brèche à droite

Il est un autre scénario plus souvent évoqué que le précédent : c'est celui d'une droite française qui céderait aux sirènes du Front national à la suite de rapprochements idéologiques successifs, ou encore d'une droite qui, sous le coup de la défaite de 2012 et de la crise qui s'est ensuivie, tomberait en morceaux que le parti de Marine Le Pen n'aurait plus qu'à ramasser. L'idée de confluences et de voies de passage entre la droite extrême et la droite classique est une vieille antienne. Elle suppose une unité profonde et cachée de toutes les droites et repose sur la conviction que ce qui les lie est plus fort que ce qui les sépare. L'ordre, l'inégalité, la nation, seraient des invariants de la droite tout autant que de l'extrême droite. Cette dernière ne serait qu'une droite radicalisée, révélatrice de l'identité essentielle et non avouée de la droite dans son ensemble. La crise que connaît la droite classique depuis la défaite de Nicolas Sarkozy peut donner une certaine crédibilité à ce scénario.

Pendant longtemps, la droite a réussi vaille que vaille à contenir le Front national. Le chiraquisme, des années 1980 au début des années 2000, puis le sarkozysme, de 2007 à 2012, y sont parvenus chacun à sa manière. Jacques Chirac, après avoir pris quelques positions ambiguës au milieu des années 1980, en est peu à peu venu à considérer que le Front national menaçait la République, ses valeurs de liberté, d'égalité et de fraternité, et, au-delà, qu'il pouvait mettre en péril l'insertion de la

France dans l'Europe et dans le monde. C'est ainsi que le même Jacques Chirac qui, dans les années 1980, avait couvert certains accords locaux entre le FN et le RPR au prétexte qu'il ne s'agissait que du pendant de l'alliance entre socialistes et communistes refusa par la suite toute forme de compromis lors des élections nationales. En 1998, le RPR et l'UDF décidèrent même d'exclure ceux qui avaient tenté de conserver leurs régions ou leurs départements avec le soutien de voix d'élus FN. L'élection présidentielle de 2002 entérine cette incompatibilité entre la droite parlementaire et le Front national. Dans son discours d'investiture du 6 mai 2002, Jacques Chirac interprète ainsi sa victoire contre Jean-Marie Le Pen : « En faisant échec à l'extrémisme, les Français viennent de réaffirmer avec force l'attachement qu'ils portent à leurs institutions démocratiques, aux libertés publiques, à notre engagement européen, à notre vocation universelle. » L'idée d'un « cordon sanitaire » à établir autour du Front national, avec une stratégie de « front républicain » pour le mettre en œuvre, s'impose.

Dans un premier temps, Nicolas Sarkozy, qui a été secrétaire général du RPR de 1997 à 1999 et qui, aux côtés de son président Philippe Séguin, a sévèrement sanctionné tout rapprochement avec le Front national, applique cette stratégie. Le 9 décembre 2002, tout juste nommé ministre de l'Intérieur, lors d'un débat télévisé avec le patron du Front national, il réaffirme face à lui son appartenance à une « droite républicaine, modérée et gaulliste », et fait valoir qu'il n'est « pas du même monde ». Il défend avec force l'organisation de la pratique de l'islam en France, qu'il tente de mettre en œuvre avec la création du Conseil français du culte musulman. Il soutient aussi le droit du sol en matière d'acquisition de la nationalité. L'heure n'est pas aux concessions idéologiques. Toutefois, c'est dans cette même émission qu'il expose sa stratégie d'une « droite sans complexe », laquelle, après lui avoir permis de conquérir nombre d'électeurs frontistes dans les années 2003-2007, ouvrira, pendant son quinquennat, des espaces idéologiques pour une légitimation de certaines thématiques du Front national. Le lancement du grand débat sur l'identité nationale à l'automne 2009, le discours de Grenoble sur l'insécurité et l'immigration le 30 juillet 2010, le rôle important joué par Patrick Buisson, ancien militant d'extrême droite reconverti dans le conseil politique, durant sa campagne présidentielle de 2012, sont autant de bornes sur la voie qui l'a conduit à faire siens des arguments idéologiques à haut risque portés par le Front national.

La défaite de Nicolas Sarkozy laisse désormais planer une grande ambiguïté. Aucun bilan n'a été dressé de la stratégie de droitisation forte privilégiée dans les dernières années du quinquennat et accentuée pendant la campagne, aucune évaluation n'a été faite de son rôle dans l'échec électoral. L'hypothèse d'un « retour » de Nicolas Sarkozy à la vie politique tend actuellement à geler les débats et à empêcher toute évolution stratégique et politique. L'UMP, ballottée au gré des vents idéologiques passagers, semble avoir perdu une partie de sa colonne vertébrale idéologique, même si elle conserve nombre de « fondamentaux » de la dernière période du sarkozysme, entretenus comme des dogmes quasi intouchables.

Au cours de la campagne de l'automne 2012 pour la présidence de l'UMP, les deux challengers, Jean-François Copé et François Fillon, se sont davantage affrontés sur le style que sur le fond. Certes, Copé a joué la carte de la « droite décomplexée », de la « base » montant à l'assaut des « barons » du mouvement, illustrant cet engagement en prônant une forte mobilisation contre le mariage homosexuel et en invitant le thème du « racisme antiblanc » parmi les éléments du viatique du militant UMP. Face à ce prolongement de la « droitisation » sarkozyste, François Fillon n'a pas su assumer clairement une position de rupture.

Lors du congrès de l'UMP du 18 novembre 2012, la déclaration de principes « La Droite forte-Génération France forte 2017 » est arrivée largement en tête des motions soumises aux adhérents. Ce succès est un symptôme de la tétanie politique et idéologique qui a saisi le plus grand parti d'opposition. En quelques lignes très sommaires, le texte revendique l'appartenance à une « droite forte », opposée à une « droite molle », ainsi que la nécessité de s'inscrire dans une filiation orthodoxe du sarkozysme, présenté comme « la fondation non négociable de nos valeurs » : « Nous voulons construire un projet audacieux, courageux et conquérant pour la France à l'image de la campagne présidentielle de Nicolas Sarkozy en 2012. »

Le « gel » du dispositif idéologique et stratégique de l'UMP, couplé à l'affrontement violent des ambitions personnelles au lendemain de la victoire extrêmement contestée de Jean-François Copé sur François Fillon pour la présidence du parti, fragilise profondément les fondements et la stratégie de la droite classique. Cette vulnérabilité est visible dans les difficultés qu'éprouve l'UMP à retrouver une crédibilité politique au moment où, pourtant, celle de la gauche au pouvoir est en train de s'effondrer. Un an après l'arrivée de François Hollande à l'Élysée, et en dépit de la dégradation très sensible de son image, seuls 35 % des Français interrogés par l'Ifop considéraient que, « si l'actuelle opposition UDI-UMP était au pouvoir, elle agirait mieux que François Hollande et son gouvernement[1] ».

La crise majeure que traverse la droite, ouverte par les déchirements de l'automne 2012, a de très lourdes conséquences en termes d'opinion et d'espace laissé au Front national. La première, et non des moindres, est la confusion introduite dans l'esprit des Français entre les idées de la droite classique et celles du parti frontiste. Une grande majorité de Français pensent ainsi que « les idées et les propositions mises en avant par l'UMP et celles du Front national se rapprochent » – « sur certains sujets » pour 43 %, « sur la plupart des sujets » pour 15 %. Parmi les sympathisants de l'UMP, ces proportions sont respectivement de 49 et 20 %. Au total, 69 % des électeurs proches de l'UMP font le constat de convergences idéologiques partielles ou totales[2].

Incontestablement, ce processus affaiblit l'autonomie politique de l'UMP. Aujourd'hui, 49 % des sympathisants de l'UMP sont favorables à « un accord entre l'UMP et le Front national pour les élections locales » ; 51 % y sont opposés. Dans les années 1998-2010, seuls un tiers des sympathisants de l'UMP étaient favorables à un tel accord (cf. « L'opinion des sympathisants de l'UMP à propos des accords électoraux entre l'UMP et le Front national »). En revanche, la réticence à tout accord au niveau national reste majoritaire parmi les sympathisants : 53 % y sont opposés, 37 % y sont favorables[3]. Les électeurs de droite sont profondément divisés sur ce sujet, puisque, si les électeurs proches de l'UDI sont 69 % à

---

1. Sondage Ifop pour Europe 1, 11-15 avril 2013.
2. Sondage Ipsos pour France 2 et *Le Parisien*, 10 octobre 2013.
3. *Baromètre d'image du Front national*, TNS Sofres, janvier 2013.

refuser un accord national, ils ne sont plus que 56 % à rejeter un accord local. La situation a profondément évolué par rapport aux années 1990, où plus des deux tiers des sympathisants du RPR et de l'UDF déclaraient ne pas souhaiter que leurs partis concluent une alliance avec le Front national au second tour d'une élection[1].

L'opinion des sympathisants de l'UMP à propos des accords électoraux entre l'UMP et le Front national aux élections locales

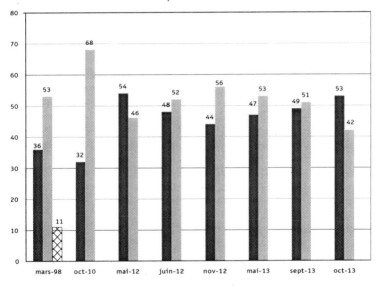

Question : Souhaitez-vous qu'aux élections locales (municipales, cantonales, régionales) l'UMP et le Front national passent des accords électoraux ?

■Oui ▨Non ▧Ne se prononcent pas

Source : Ifop.

---

1. Sondage Sofres, « L'image du Front national auprès des Français », juillet 1995.

Le « parallélisme des formes » a progressé dans l'esprit de certains électeurs de droite : ils considèrent aujourd'hui que ce qui a été possible pour les diverses composantes de la gauche à partir des années 1960 l'est désormais pour les diverses sensibilités de la droite. De fait, on l'a rappelé, le Parti communiste a été considéré pendant plusieurs décennies comme un allié impossible du fait de ses positions idéologiques et de son indéfectible soutien à l'URSS stalinienne. Mais il est redevenu fréquentable dès lors qu'il a décidé d'accompagner le mouvement de déstalinisation engagé en Union soviétique et est entré dans un processus de rapprochement avec la SFIO à mesure que celle-ci approfondissait son antigaullisme. Cette stratégie a abouti aux accords de désistement entre SFIO et PCF lors des élections législatives de 1962, puis à la candidature commune de François Mitterrand à l'élection présidentielle de 1965. Enfin, elle a trouvé son point d'orgue dans le Programme commun de gouvernement de 1972 et la pratique systématique de l'« union de la gauche ».

La droite pourrait-elle connaître un semblable mouvement ? À l'interdit absolu de toute relation entre droite classique et droite extrême, puis à l'instauration de relations jugées dangereuses mais pas rédhibitoires, pourrait-il succéder une période où prévaudraient de lents et réguliers rapprochements susceptibles de déboucher sur une unification des droites ? L'évolution des bases électorales et les perceptions croisées des électeurs proches de l'UMP et du Front national témoignent d'un tel mouvement de confluence, bien qu'il ne soit encore qu'à l'état d'ébauche. La « droitisation » des valeurs et des propositions véhiculées par l'UMP va également dans ce sens, de même que le flou stratégique entretenu autour des désistements de second tour et des alliances électorales. À la stratégie de « front républicain » ont succédé celle du « ni ni » (ni Front national ni gauche) et celle plus complexe, énoncée par François Fillon, du « vote contre le plus sectaire » – le degré de sectarisme étant laissé à l'appréciation de l'électeur. Tous ces éléments laissent la porte ouverte ou entrouverte à une union de toutes les droites.

Celle-ci reste cependant difficile à mettre en œuvre pour différentes raisons, dont la profonde division des électeurs de la droite classique quant à l'attitude à adopter face au Front national, l'allergie de toute une partie des héritiers du gaullisme à une famille politique qui a incarné pendant longtemps l'opposition la plus farouche à la personnalité du Général, ou encore la faible possibilité de convergence programmatique entre l'UMP et le Front national sur l'économie, l'Europe, la politique étrangère... C'est donc surtout le Front national qui peut profiter de ce contexte, exploiter la crise de l'UMP pour la subvertir, nourrir ses divisions et récupérer certains de ses sympathisants et électeurs. Cela pourrait signifier une recomposition des droites autour d'un Front national certes revu et corrigé, mais en position dominante.

À cet égard, plusieurs scénarios sont envisageables. Le premier serait un scénario à l'italienne, référence à la mutation du Mouvement social italien (MSI), ancienne formation néofasciste, en un véritable parti de droite conservatrice, l'Alliance nationale, à la suite d'un profond mouvement d'aggiornamento idéologique concrétisé lors d'un congrès tenu à Fiuggi en janvier 1995. Pour l'instant, le Front national en est encore très loin. Il n'a pas changé d'identité et n'a pas renié les éléments fondamentaux de son programme (priorité nationale, protectionnisme, hostilité à la construction européenne...) qui rendent difficile, sinon impossible, son intégration à une culture de gouvernement de droite. Par ailleurs, une telle stratégie ne lui offrirait pas forcément une position de force au sein des droites. L'Alliance nationale de Gianfranco Fini, en dépit de toutes ses reconversions (dénonciation sans ambages de toute forme de racisme et de xénophobie, condamnation du fascisme comme le « mal absolu » du XXe siècle, ralliement à l'économie de marché, soutien à l'Union européenne...), n'est pas parvenue à s'ériger en pôle dominant des droites italiennes.

Deuxième scénario possible : celui du Parti pour la liberté de Geert Wilders, aux Pays-Bas, qui joue de son poids électoral pour influencer l'agenda et les politiques des gouvernements de droite. Cette sorte de « soutien sans participation » a été effective de 2010 à 2012, date à laquelle le Parti pour la liberté a retiré son appui au gouvernement libéral en raison de son désaccord avec les économies budgétaires qu'il proposait. Ce scénario n'est pas non plus idéal pour le Front national, qui refuse d'être un simple élément contestataire ne jouant qu'aux marges du pouvoir.

Un autre scénario est envisageable : une implosion de la droite parlementaire française, rongée par ses divisions internes et par ses atermoiements stratégiques. Le Front national pourrait alors se présenter comme une alternative, agrégeant et fédérant autour de lui les morceaux épars d'une UMP défaite. Jusqu'à présent, aucun pays européen n'a vu une formation issue de l'extrême droite nationaliste ou un parti de type national-populiste s'ériger en pôle dominant d'une réorganisation des droites. Même là où de telles formations sont très puissantes (Suisse, Norvège, Autriche, Finlande), une droite classique subsiste et, souvent, fait alliance avec la gauche et les centristes (comme en Autriche ou en Finlande).

Reste le dernier scénario, celui d'une alliance entre deux pôles à peu près équilibrés : le Front national et l'UMP. Il ne pourra se réaliser que si le Front national procède à un aggiornamento politique – pour l'heure peu probable – et si, en parallèle, l'immense majorité des sympathisants de l'UMP se rallient à une telle perspective. En Europe, seule la Norvège offre l'exemple d'une alliance gouvernementale de ce type entre le parti conservateur Høyre et le Parti du progrès, populiste. Toutefois, ce dernier est beaucoup moins extrémiste que le FN, notamment sur le plan économique, où il prône le libre-échange, la lutte contre un État providence considéré comme envahissant et l'insertion dans la mondialisation. Par ailleurs, à l'issue des élections législatives de 2013, la droite conservatrice norvégienne est restée en position dominante, avec 26,8 % des suffrages contre 16,3 % au Parti du progrès.

Dans un tel scénario, l'UMP parviendrait-elle à préserver son unité ? N'assisterait-on pas à un déchirement interne entre les défenseurs et les détracteurs d'un tel rapprochement ? De grand parti d'opposition, l'UMP deviendrait alors un élément parmi d'autres au sein d'une droite éclatée où l'UDI (Union des démocrates et indépendants) de Jean-Louis Borloo représenterait le centre de gravité de la « droite républicaine ». Lors de sa rentrée politique, en septembre 2013, le président de l'UDI a dit s'interroger sur l'évolution des positions de François Fillon à propos du Front national : « Je ne sais pas si François Fillon n'a pas sapé le fondement doctrinaire et républicain de sa famille politique historique. Si c'est le cas, c'est extrêmement grave. [...] L'UMP en tant que prétention à incarner la droite et le centre est morte cette semaine. » Il est symptomatique que, dans la perspective de son accord avec le MoDem de François Bayrou (qui s'est concrétisé par le lancement de leur organisation, l'Alternative, en novembre 2013), l'UDI ait élaboré une charte qui, entre autres engagements, proscrit le soutien à « tout candidat FN ou soutenu par le FN ». Avec la fusion des deux formations centristes, l'UMP, en cas de rapprochement avec le Front national, perdrait largement au centre droit ce qu'elle serait susceptible de gagner à la droite de la droite.

Sous la Ve République, la droite a toujours réussi tant bien que mal à s'unifier dans un duopole entre héritiers des bonapartistes et héritiers des orléanistes. Ce duopole vient de renaître à travers l'alliance entre l'UMP et l'Alternative. Sera-t-il pérenne, ou le Front national viendra-t-il mettre à mal sa cohérence et son équilibre pour mieux prospérer en se nourrissant de ses dépouilles ?

L'extension idéologique généralisée

Au-delà des faiblesses de la gauche et de la droite, l'attitude des Français face à la politique est dépendante des bouleversements économiques et géopolitiques du monde. Le nationalisme de repli fait retour, la diabolisation de l'autre et des différences culturelles se répand, la protestation enfle et les peurs se développent. C'est d'autant plus le cas que les Français, dans leur immense majorité, ne croient pas à une « sortie de crise ». Selon une enquête réalisée par l'institut CSA en octobre 2013, 64 % des personnes interrogées considèrent que « l'économie française ne redémarre pas », 72 % disent « n'avoir pas confiance dans le gouvernement pour relancer la croissance économique » et 75 % pensent de même en ce qui concerne ses capacités à « faire baisser le chômage ». Le scénario d'une aggravation de la crise sur le modèle des années 1930 hante les esprits, avec dans son sillage des démocraties chancelantes et la montée des autoritarismes et des nationalismes d'exclusion.

Le parallélisme avec les années 1930 a des limites. La crise de 1929 a frappé des démocraties libérales fragiles, rongées par le malaise qui, dès la fin du XIXe siècle, a accompagné la mise en place du suffrage universel. Les démocraties allemande et italienne, par exemple, étaient très récentes et incomplètes, donc instables. Dans les démocraties plus anciennes, comme la France, se développaient des courants politiques qui ne reconnaissaient pas la légitimité démocratique comme source de pouvoir, ou qui cherchaient à promouvoir les vertus d'une « démocratie réelle » opposée à une « démocratie formelle ». Un double « révolutionnarisme », d'extrême gauche et d'extrême droite, se nourrissait des faiblesses de la démocratie et des déceptions qu'elle suscitait.

Aujourd'hui, la foi révolutionnaire ancrée dans une radicalisation des masses est largement éteinte. Comme l'écrit Marcel Gauchet, « la protestation a pris la place de la révolution car, pour que la protestation passe à la révolution, il faut que derrière la protestation il y ait une offre idéologique qui lui donne à la fois l'intensité mobilisatrice sur le plan affectif et un progrès global plus ou moins crédible à une échelle de masse[1] ». Une telle offre idéologique révolutionnaire n'existe plus ni à gauche ni à droite. Reste la force esseulée de la protestation, dont on sait qu'elle peut être une importante ressource politique, particulièrement dans les segments de la société à faible capital culturel ou social, qui ont tendance à s'étendre dans un contexte de crise économique et sociale.

En ce qui concerne les effets politiques de la crise économique, nombre d'analyses mettent en évidence des processus de radicalisation et de protestation individuelle et collective. Certains travaux anglo-saxons se sont ainsi penchés sur la genèse socio-économique de l'extrémisme politique des années 1930 pour comprendre les rémanences autoritaires qui se manifestaient au sein des démocraties après la Seconde Guerre mondiale. Plusieurs de ces études ont noté un lien fort entre l'extrémisme politique d'un individu et sa position d'infériorité dans le système social (bas niveau de revenu, faible instruction, faible information politique, etc.). Les plus emblématiques de cette approche sont celle de Seymour Martin Lipset sur l'« autoritarisme de la classe ouvrière[2] » et celle de Karl Mannheim, qui interprète le fascisme comme l'irruption sur la scène politique de masses peu ou mal intégrées à l'ordre social et conduites par des intellectuels relativement

---

1. Marcel Gauchet, « Les effets paradoxaux de la crise », communication lors des Journées d'études du Cevipof, « Penser les dimensions politiques des effets de la crise », 30 septembre 2009.

2. Seymour Martin Lipset, *L'Homme et la politique*, Paris, Seuil, 1963.

marginalisés socialement[1]. D'autres travaux ont mis en relation l'extrémisme politique et les « incohérences de statut » activées et entretenues par la crise économique. Ainsi, selon Daniel Bell, c'est l'écart entre un niveau d'éducation élevé et une position sociale défavorisée qui explique aux États-Unis le développement du maccarthysme et la dislocation sociale de groupes entiers dans les décennies qui ont suivi le New Deal[2]. Enfin, un dernier ensemble d'études identifient la source de l'extrémisme dans les effets désintégrateurs du changement social. C'est le cas des travaux de William Kornhauser sur l'« atomisation de la société de masse[3] », de ceux de Nathaniel Stone Preston sur les conséquences déstabilisatrices de la mobilité sociale descendante au sein des classes moyennes[4], ou encore de ceux d'Erich Fromm, pour lequel l'individu tente d'échapper à son isolement et à sa solitude en ralliant des idéologies extrémistes (fascisme, communisme) qui peuvent lui garantir un refuge et une sécurité[5]. Dans toutes ces approches, les extrémismes rassemblent de manière préférentielle (mais pas exclusive) des marginaux, des déclassés, des catégories populaires et des éléments de la classe moyenne menacés par le « descenseur social » qu'enclenche la crise économique.

---

1. Karl Mannheim, *Idéologie et utopie* [1929], Paris, Éditions de la MSH, 2006.
2. Daniel Bell (dir.), *The New American Right*, New York, Criterion Books, 1955.
3. William Kornhauser, *The Politics of Mass Society*, New York, Free Press of Glencoe, 1959.
4. Nathaniel Stone Preston, *Politics, Economics, and Power. Ideology and Practice under Communism and Fascism*, New York, Macmillan, 1967.
5. Erich Fromm, *La Peur de la liberté*, Paris, Buchet Chastel, 1963.

La crise actuelle peut-elle, comme la crise de 1929, ouvrir un tel espace social, idéologique et politique aux extrémismes ? Peut-on voir apparaître une même radicalisation, sous une forme contemporaine ? Jusqu'à présent, les États providences ont réussi à réguler la crise et à enrayer ses effets les plus délétères. Mais le scénario d'une brusque aggravation n'est pas à écarter. L'histoire montre qu'il suffit parfois d'incidents mineurs pour provoquer des embrasements majeurs, des effondrements inimaginables quelques mois plus tôt.

Revenons dans l'Allemagne de Weimar. Le Parti national-socialiste des travailleurs allemands (NSDAP), qui oscillait entre 2 et 7 % des voix dans les années 1920, a connu un brusque essor après la crise de 1929, la faillite du système bancaire allemand, l'effondrement de la production industrielle et l'explosion du chômage : il rassemblait ainsi 18,3 % des suffrages en septembre 1930, 37,4 % en juillet 1932 et 43,9 % en mars 1933. En France, l'impact de la crise de 1929 sur la vie politique n'a pas été aussi fort qu'en Allemagne, mais des signes de radicalisation, à gauche comme à droite, ont pu être observés. À gauche, le PCF a nettement amélioré son implantation électorale, avec 15,3 % des voix lors des législatives de 1936 contre 11,3 % lors des législatives de 1928. À droite, la radicalisation est restée limitée dans les urnes et s'est surtout fait sentir dans les mobilisations de rue des ligues (Action française, Croix-de-Feu, Solidarité française, Parti franciste...). Même après la dissolution de ces dernières, en 1936, et la naissance de partis de droite extrême (le Parti social français du colonel de La Rocque et le Parti populaire français de Jacques Doriot), le poids électoral de l'extrémisme de droite est demeuré marginal. Lors des élections partielles des années 1936-1938, ces deux partis ont rassemblé respectivement 2,7 et 3,6 % des voix. En 1938-1939, le Parti populaire français n'a pas dépassé 1,6 %, tandis que le Parti social français est grimpé jusqu'à 9,3 %.

Ainsi, dans les années 1930, une crise économique aux effets moins amples qu'outre-Rhin et une culture civique plus solide ont réussi à contenir la radicalisation politique en France. Qu'en est-il aujourd'hui ? Depuis le déclenchement de la crise de 2008, les élections révèlent une poussée de l'extrémisme plus forte dans l'espace des droites que dans l'espace des gauches. Le Front national, qui n'avait rassemblé que 10,4 % des suffrages lors de l'élection présidentielle de 2007 et 4,3 % lors des législatives de la même année, a atteint 17,9 % à la présidentielle de 2012 et 13,6 % aux législatives qui ont suivi. Et les élections partielles de 2013 ont montré que ce mouvement s'amplifiait. Du côté de la gauche extrême, la montée de la protestation, pour être plus modeste, n'en a pas moins été réelle : les candidats communistes et d'extrême gauche, qui rassemblaient 7,7 % des voix lors de la présidentielle de 2007, ont progressé jusqu'à 13,1 % lors de la présidentielle de 2012 et 7,9 % aux élections législatives qui ont suivi. En 2012, presque un électeur sur trois s'est tourné vers la protestation électorale, le Front national demeurant la composante ultradominante de ce pôle.

Si l'arc des grandes forces démocratiques et modérées ne semble donc pas encore craquer sous les coups de la crise, les effets politiques dissolvants de cette dernière se font néanmoins sentir. Comme dans les années 1930, la radicalisation s'enracine dans la crise et trouve un écho parmi ceux qui en sont les victimes les plus directes (cf. « L'implantation électorale de Marine Le Pen dans les populations touchées par la crise »). Pierre Milza a montré comment, dans l'entre-deux-guerres, l'extrémisme politique s'est implanté dans les catégories sociales qui rencontraient le plus de difficultés sur le terrain de l'emploi, du pouvoir d'achat et de la mobilité[1]. La crise économique avait entraîné une crise sociale liée à l'explosion du chômage, à la rigueur de la politique de déflation mise en œuvre par Pierre Laval et à la fragilisation des classes moyennes. Elle avait aussi beaucoup renforcé le sentiment de l'impuissance et de l'inefficacité du parlementarisme face à ces problèmes.

Ce scénario pourrait se rejouer en partie aujourd'hui. Toutes les enquêtes pointent le malaise patent des catégories populaires, plus touchées que d'autres par le chômage et par des difficultés économiques devenues endémiques, mais aussi celui de pans entiers des classes moyennes qui se sentent happés dans un processus de déclassement social. Lorsqu'on isole au sein d'un échantillon représentatif de Français les personnes déclarant être au chômage, ou ayant « beaucoup de risques » d'y être confrontées, et celles déclarant « s'en sortir très difficilement avec [leurs] revenus », on note chez elles un tropisme frontiste particulièrement développé[2].

---

1. Pierre Milza, *Cahiers du Cevipof*, n° 4, juin 1989.
2. Sur un échantillon total de 2 504 personnes interrogées en mai 2012, 420 (16,8 %) peuvent être définies comme étant « en crise ». Cette population a vigoureusement crû depuis 2007, où elle était évaluée à seulement 10,6 %.

L'implantation électorale de Marine Le Pen dans les populations touchées par la crise

Ensemble de l'échantillon	18 %
Population au chômage	28 %
S'en sortent très difficilement avec les revenus du foyer	27 %
Ont le sentiment que leur situation financière s'est dégradée au cours des 12 derniers mois	24 %
Ont le sentiment que leur situation financière va se dégrader dans les 12 prochains mois	24 %

Source : *Enquête post-électorale sur l'élection présidentielle de 2012*, Cevipof, juin 2012.

Cette population subissant de plein fouet les effets de la crise est majoritairement féminine et jeune (moins de 35 ans), mais elle compte aussi beaucoup d'individus d'âge intermédiaire (35-49 ans) et appartenant aux catégories populaires : 58 % sont des femmes, 35 % ont moins de 35 ans, 38 % ont entre 35 et 49 ans, 52 % sont issus des milieux populaires, 60 % sont sans diplôme ou ont un diplôme de l'enseignement professionnel. Dans ces groupes, les marges de progression de la protestation lepéniste sont particulièrement importantes. La fragilité économique et sociale tend à accroître le potentiel d'acceptation des idées véhiculées par le Front national. Ainsi, 48 % des personnes directement touchées par la crise considèrent qu'on « ne se sent en sécurité nulle part » (36 % seulement dans le reste de la population), 41 % pensent que, « en matière d'emploi, on devrait donner la priorité à un Français sur un immigré » (36 % dans le reste de la population), et 39 % sont favorables au « rétablissement de la peine de mort » (33 % dans le reste de la population). Au premier tour de l'élection présidentielle de 2012, Marine Le Pen est arrivée en tête dans cette population (29 %), devant François Hollande (27 %) et Nicolas Sarkozy (19 %). Dans le reste de l'électorat, elle n'a rassemblé que 16 % des voix, les candidats des deux partis de gouvernement faisant la course en tête à égalité (29 %).

La situation de crise aiguë dans laquelle se trouve une partie de la population française semble ouvrir un espace à une radicalisation de droite, qui se traduirait à la fois par la diffusion des idées frontistes et sur le terrain électoral. La crise a donc créé une véritable opportunité pour le Front national, qui pourrait devenir une force de déstabilisation politique si la conjoncture venait à se dégrader encore. Une telle radicalisation n'est pas à écarter, à l'heure où les grands partis de gouvernement, de gauche comme de droite, se trouvent profondément affaiblis, où se développe une profonde défiance à l'égard de la sphère politique et où le pays doute de plus en plus de sa capacité à s'insérer dans l'économie mondiale ouverte.

CONCLUSION

Le Front national a quarante-deux ans. Au cours de cette existence déjà longue, il a tout connu : l'anonymat et la marginalité (1972-1982), l'émergence et le développement (1983-1998), l'éclatement et l'instabilité (1999-2009), le renouveau et l'implantation nationale (2010-2014). Va-t-il, dans les années qui viennent, progresser encore et confirmer son enracinement au point de bouleverser le système politique ?

Son ancrage actuel dans la société est au moins autant dû aux autres acteurs politiques qu'à lui-même. La gauche est empêtrée dans ses difficultés à gouverner, alors qu'elle aurait pu susciter l'espoir et la confiance dans ces couches populaires qu'elle prétend mieux représenter que tous les autres. Le Front national se nourrit de cette désillusion, offrant un exutoire aux attentes qu'elle fait naître. La droite, essentiellement préoccupée par ses divisions internes et par le culte de ses petites et grandes différences, offre l'image d'une formation sans cap, sans chef et sans stratégie. Le Front national fait son miel de ce trouble profond. Enfin, l'action politique d'une manière générale semble saisie d'épuisement et ne fait plus recette. Le Front national fait sa pelote de cette langueur démocratique.

Les forces propres du parti lepéniste ne sont pas négligeables non plus. Dans un paysage politique quelque peu ravagé, le Front national donne l'impression d'une formation politique en ordre de bataille : un chef, un programme, une unité – trois éléments qui semblent manquer à beaucoup de partis aujourd'hui. Certes, il reste à régler des problèmes de stratégie (union ou pas avec d'autres forces de droite) et d'organisation (le parti est encore petit et assez peu professionnalisé). Mais le Front national sait cacher ces faiblesses, particulièrement en puisant ses ressorts programmatiques et politiques au cœur même des difficultés auxquelles la société française est confrontée. Ce rôle de porte-voix de tous les malaises, assumé avec force, lui permet de faire passer au second plan la minceur de ses capacités gouvernantes.

Cette fonction d'exutoire et ce talent à faire symptôme des difficultés de l'heure ont déjà profité à d'autres forces politiques à d'autres époques. Au lendemain de la Seconde Guerre mondiale, le Parti communiste français, suivi par un quart du corps électoral, fut l'expression de la revendication d'un partage économique et social plus équitable. Lorsque, dans les années 1950 et 1960, la France chercha une issue aux problèmes de la décolonisation et à l'usure du régime parlementaire, le gaullisme fut une réponse. Puis, après avoir modernisé la politique et l'économie, le pays voulut moderniser ses mœurs ; le giscardisme puis le Parti socialiste furent portés successivement au pouvoir par cette vague de « libéralisme culturel ».

Lorsque apparurent les premiers soubresauts de la crise économique et sociale, aux confins des années 1970 et 1980, la gauche et la droite de gouvernement bataillèrent alternativement pour en enrayer les effets, usant beaucoup de leur crédit politique. Le Front national, né au début de ces années de crise, a tiré sa force du fait qu'il se présentait comme l'expression politique de celle-ci, et plus largement du malaise français. Paradoxalement, il est fort de n'avoir jamais exercé le pouvoir et peut encore apparaître comme une « alternative ». La hausse du taux de chômage, l'érosion du pouvoir d'achat des ménages, le creusement des inégalités, l'accroissement de la pauvreté, sont des réalités. La France va mal dans les faits et dans les têtes. Les anticipations de l'avenir, les perspectives de la « sortie de crise », les projections sur les générations à venir, sont plutôt pessimistes. Quand la France va mal, le Front national va bien. Quand la crise bat son plein, elle réveille les vieux mécanismes paralogiques de la « causalité diabolique[1] » qui démonise des groupes et des comploteurs et considère que le mal, ce sont « les autres ». Que la crise soit économique, sociale, politique ou culturelle, elle encourage la dénonciation de « responsables de tous les maux » et la recherche de « boucs émissaires » en chair et en os. Le Front national excelle plus que toute autre force politique à stigmatiser des « diables » et des ennemis à livrer à la vindicte populaire : les multinationales, l'Europe, la mondialisation, le « libre-échangisme », l'« euromondialisme », l'islamisme, les communautarismes, l'« UMPS », mais aussi la « Caste », les élites, les eurocrates, l'« hyperclasse », les

---

1. Léon Poliakov, *La Causalité diabolique. Essai sur l'origine des persécutions*, Paris, Calmann-Lévy, 1981.

califats, l'« Établissement », les immigrés, les technocrates... La liste est longue.

Le combat politique a toujours besoin d'adversaires
contre lesquels mobiliser les énergies. Dans les décennies
qui suivirent la Seconde Guerre mondiale, il y eut, d'un
côté, le communisme, les « rouges », les « partageux », le
totalitarisme, et, de l'autre, le capitalisme, la bourgeoi-
sie, le « grand capital », l'impérialisme américain. Ces
épouvantails furent agités jusqu'au cœur des années 1980.
Puis la longue occupation du pouvoir par la gauche,
sa conversion à une culture de gouvernement, la chute
du mur de Berlin et du communisme, ouvrirent une
période où la figure de l'« adversaire » sembla quitter
la scène politique. En 1992, le politologue américain
Francis Fukuyama annonça même la « fin de l'histoire »,
la disparition de l'idéologie comme force motrice de
l'histoire et le triomphe de l'idéal d'une démocratie libérale apaisée[1].

Cette détente ne dura pas longtemps. Des forces popu-
listes et nationalocentrées telles que le Front national
propulsèrent bientôt dans le débat politique de nouveaux
« diables » responsables de tous les maux, qui se subs-
tituèrent aux bêtes noires fatiguées des années 1960 et
1970. L'histoire ne s'arrête jamais, et, à la charnière du
xxe et du xxie siècle, la mondialisation triomphante a
redonné une seconde jeunesse à la nation comme idéologie. En France, le socialisme, le communisme et le
libéralisme semblent avoir cédé la place au nationalisme.
Comme toute idéologie, celui-ci est le fruit d'un brico-
lage entre héritages anciens et réponses contemporaines

---

1. Francis Fukuyama, *La Fin de l'histoire et le dernier homme*, Paris,
Flammarion, 1992.

aux défis de l'heure. Comme le pressentait Samuel Huntington, l'idéologie fait donc retour, avec son cortège de dénonciations, d'irrationalités et de reconstruction d'identités traditionnelles[1].

Le monde change vite, les équilibres économiques se recomposent, la puissance politique se déplace, la modernité s'accélère et suscite en contrecoup le retour en grâce de la tradition et des nostalgies du passé. Parmi elles, celle d'une nation stable, définie une fois pour toutes et inscrite dans le marbre pour l'éternité. Dans ce contexte, tout élément de modernité postnationale est présenté comme une menace contre l'idée même de nation. Mais de quelle nation s'agit-il ? Comment la nation d'hier et la nation d'aujourd'hui s'articulent-elles ?

La nation politique est un phénomène principalement moderne qui n'est devenu dominant qu'au cours des deux derniers siècles. Différents moyens de « faire nation » existent. Certains privilégient la construction politique, c'est-à-dire la « communauté de citoyens[2] » adhérant à un projet commun de nature contractuelle qui définit un ensemble de droits et de devoirs. D'autres insistent sur la dimension culturelle de la nation, définie par une langue, une histoire ou des mœurs partagées. D'autres enfin introduisent la dimension ethnique, considérant qu'une nation est formée par des hommes et des femmes partageant une même origine.

En France, l'idée de nation repose sur la volonté de créer une société politique transcendant, par la

---

1. Samuel Huntington, « No Exit. The Errors of Endism », *The National Interest*, septembre 1989.

2. Dominique Schnapper, *La Communauté des citoyens. Sur l'idée moderne de nation*, Paris, Gallimard, 1994.

citoyenneté, les enracinements concrets et les fidélités particulières. Telle est l'ambition du modèle républicain, sans cesse réaffirmée depuis deux siècles. À l'heure où la mondialisation, la construction européenne, la diversification culturelle de la société, interpellent la nation française, celle-ci, dans un mouvement d'identité blessée, ouvre un espace au retour d'une conception ethnoculturelle, celle d'une nation close et repliée sur elle-même, cette « nation des nationalistes » qui n'est souvent que le mouvement de rétraction sur lui-même d'un corps politique qui doute. La blessure dont se nourrit le Front national aujourd'hui est celle de notre « identité malheureuse[1] ». Sous le choc de la pluralité culturelle et de la globalisation, la France se cherche et s'interroge sur son vivre-ensemble, au-delà de la simple coexistence des différences. Faute de réponse convaincante au sujet de ce qui fonde son identité commune et de ce qui dessine son avenir dans un réseau d'échanges mondialisés, elle peut avoir la tentation de se retourner vers un passé mythifié. Le Front national cherche à ressusciter ce passé en écartant toutes les forces supposées hostiles à une France en souffrance. Marine Le Pen, dans ses discours, utilise abondamment ces ressorts d'identification à une nation restaurée et porteuse d'une nouvelle grandeur collective : « Nous croyons en la nation. [...] À ceux qui se sentent oubliés, méprisés, invisibles aux yeux d'un système devenu fou, je dis : la nation est là pour vous, elle ne vous abandonnera pas. Elle est la grande famille des sans-rien. Son bras armé, l'État, ne vous laissera pas tomber. [...] Oui, nous croyons en la nation, et donc en la frontière. [...] Nous croyons en la frontière

---

1. Alain Finkielkraut, *L'Identité malheureuse*, Paris, Stock, 2013.

qui protège, qui est une saine limite entre la nation et le reste du monde, un filtre économique, financier, migratoire, sanitaire et environnemental ! La nation, c'est notre boussole, car sans elle pas de direction, pas de cap, pas de stratégie[1]. »

Aujourd'hui, les anciennes conceptions de la nation paraissent éculées : la nation telle que les communistes l'ont portée en tentant de réconcilier, comme le disait Maurice Thorez, « le drapeau tricolore de nos pères et le drapeau rouge de nos espérances » ; la nation telle que l'ont voulue les socialistes en élargissant les droits de l'homme aux droits économiques et sociaux ; enfin, la nation telle que l'ont célébrée le gaullisme et ses épigones en l'adaptant sans cesse aux aléas de l'histoire (la guerre, la reconstruction, la décolonisation, la modernisation) et en montrant sa capacité à faire advenir un futur selon son génie propre[2]. Le « storytelling » sarkozyste ou le discours à très bas bruit de François Hollande ne s'inscrivent plus dans aucun « roman national ». L'apologie plus ou moins béate d'une France sans frontières ou multiculturelle s'apparente à une construction politique « hors sol ». Enfin, le dessein de la France en Europe reste obscur, porté par des acteurs peu audibles. Faute de pouvoir se projeter dans un monde futur ouvert et

---

1. Discours de Marine Le Pen à l'université d'été du Front national, La Baule, septembre 2012.

2. Le général de Gaulle utilisait peu le mot de « nation » ; il préférait parler de la « France », du « pays », du « peuple », de la « patrie ». Contrairement à la « nation des nationalistes », tournée vers le passé, la nation chez de Gaulle est ouverte sur le futur et sans cesse confrontée à l'histoire pour démontrer partout et toujours le primat de la liberté. Cf. Michel Cazeneuve, « La nation chez de Gaulle », *Cahiers de la Fondation Charles de Gaulle*, n° 7, 2000, p. 5-12.

fluide où elle aurait toute sa place, la France pourrait bien se tourner vers le Front national et la cohorte de refus et de nostalgies qu'il véhicule.

Paris, novembre 2013.

BIBLIOGRAPHIE

PREMIÈRE PARTIE
QUARANTE ANS D'HISTOIRE POLITIQUE
ET ÉLECTORALE (1972-2014)

Jérôme Fourquet, « L'érosion électorale du lepénisme », *in* Pascal Perrineau (dir.), *Le Vote de rupture. Les élections présidentielle et législatives d'avril-juin 2007*, Paris, Presses de Sciences Po, 2008, p. 213-234.

Nonna Mayer, *Ces Français qui votent FN*, Paris, Flammarion, 1999.

Pascal Perrineau, *Le Symptôme Le Pen. Radiographie des électeurs du Front national*, Paris, Fayard, 1997.

Pascal Perrineau, « La surprise lepéniste et sa suite législative », *in* Pascal Perrineau, Colette Ysmal (dir.), *Le Vote de tous les refus, Les élections présidentielle et législatives de 2002*, Paris, Presses de Sciences Po, 2003, p. 199-222.

Pascal Perrineau, « L'électorat de Marine Le Pen. Ni tout à fait le même, ni tout à fait un autre », *in* Pascal Perrineau (dir.), *Le Vote normal. Les élections présidentielle et législatives d'avril-mai-juin 2012*, Paris, Presses de Sciences Po, 2013, p. 227-247.

Deuxième partie
Le Front national,
« ni tout à fait le même,
ni tout à fait un autre »

Sylvain Crépon, *Enquête au cœur du nouveau Front national*, Paris, Éditions Nouveau Monde, 2012.

Alexandre Dézé, *Le Front national à la conquête du pouvoir*, Paris, Armand Colin, 2012.

Raoul Girardet, *Le Nationalisme français. Anthologie 1871-1914*, Paris, Seuil, 1983.

Erwan Lecœur, *Un néo-populisme à la française. Trente ans de Front national*, Paris, La Découverte, 2003.

Pierre-André Taguieff, *Le Nouveau National-Populisme*, Paris, CNRS Éditions, 2012.

Michel Wieviorka, *Le Front national, entre extrémisme, populisme et démocratie*, Paris, Éditions de la MSH, 2013.

Michel Winock (dir.), *Histoire de l'extrême droite en France*, Paris, Seuil, 1994.

Troisième partie
Les cinq fractures

Pierre Bréchon, *Les Valeurs des Français. Évolutions de 1980 à 2000*, Paris, Armand Colin, 2000.

Laurent Davezies, *La crise qui vient. La nouvelle fracture territoriale*, Paris, Seuil, 2012.

Christophe Guilluy, Christophe Noyé, *Atlas des nouvelles fractures sociales en France. Les classes moyennes oubliées et précarisées*, Paris, Autrement, 2006.

Ronald Inglehart, *Culture Shift in Advanced Industrial Society*, Princeton, Princeton University Press, 1990.

Hanspeter Kriesi *et al.*, *West European Politics in the Age of Globalization*, Cambridge, Cambridge University Press, 2008.

Hervé Le Bras, Emmanuel Todd, *Le Mystère français*, Paris, Seuil, 2013.

Dominique Reynié, *Le Vertige social-nationaliste. La gauche du non*, Paris, La Table ronde, 2005.

Pierre Rosanvallon, *La Contre-Démocratie. La politique à l'âge de la défiance*, Paris, Seuil, 2006.

Quatrième partie
L'avenir du Front national

Hans-Georg Betz, *La Droite populiste en Europe. Extrême et démocrate ?*, Paris, Autrement, 2004.

Karsten Grabow, Florian Hartleb (dir.), *Exposing the Demagogues. Right-wing and National Populist Parties in Europe*, Bruxelles, Center for European Studies/Konrad Adenauer Stiftung, 2013.

Guy Hermet, *L'Hiver de la démocratie ou le nouveau régime*, Paris, Armand Colin, 2007.

Piero Ignazi, *Extreme Right Parties in Western Europe*, Oxford, Oxford University Press, 2003.

Ralf Melzer, Sebastian Serafin (dir.), *Right-wing Extremisms in Europe. Country Analyses, Counter-Strategies and Labor-Market Oriented Exit Strategies*, Friedrich-Ebert Stiftung/Forum Berlin, 2013.

Dominique Reynié, *Populismes : la pente fatale*, Paris, Plon, 2011.

TABLE DES DOCUMENTS

TABLE DES MATIÈRES

DU MÊME AUTEUR

Régions : le baptême des urnes (dir.), Paris, Éd. Pedone, 1987.

Le Guide du pouvoir. Présidentielle 88, avec Roland Cayrol, Paris, Éd. Jean-François Doumic, 1988.

Le Front national à découvert, dir. avec Nonna Mayer, Paris, Presses de Sciences Po, 1989.

Les Comportements politiques, avec Nonna Mayer, Paris, Armand Colin, 1992.

Le Vote éclaté. Les élections régionales et cantonales des 22 et 29 mars 1992, dir. avec Philippe Habert et Colette Ysmal, Paris, Presses de Sciences Po/Département d'études politiques du *Figaro*, 1992.

Le Vote sanction. Les élections législatives des 21 et 28 mars 1993, dir. avec Philippe Habert et Colette Ysmal, Paris, Presses de Sciences Po/Département d'études politiques du *Figaro*, 1993.

L'Engagement politique. Déclin ou mutation ? (dir.), Paris, Presses de Sciences Po, 1994.

Le Vote des Douze. Les élections européennes de juin 1994, dir. avec Colette Ysmal, Paris, Presses de Sciences Po/Département d'études politiques du *Figaro*, 1995.

Le Vote de crise. L'élection présidentielle de 1995, dir. avec Colette Ysmal, Paris, Presses de Sciences Po/Département d'études politiques du *Figaro*, 1995.

Le Symptôme Le Pen. Radiographie des électeurs du Front national, Paris, Fayard, 1997.

Le Vote surprise. Les élections législatives des 25 mai et 1ᵉʳ juin 1997, dir. avec Colette Ysmal, Paris, Presses de Sciences Po, 1998.

Le Vote incertain. Les élections régionales de mars 1998, dir. avec Dominique Reynié, Paris, Presses de Sciences Po, 1999.

Le Citoyen. Mélanges offerts à Alain Lancelot, dir. avec Bertrand Badie, Paris, Presses de Sciences Po, 2000.

Les Cultures politiques des Français, dir. avec Pierre Bréchon et Annie Laurent, Paris, Presses de Sciences Po, 2000.

Le Vote des Quinze. Les élections européennes du 13 juin 1999, dir. avec Gérard Grunberg et Colette Ysmal, Paris, Presses de Sciences Po, 2000.

Les Croisés de la société fermée. Les extrêmes droites en Europe (dir.), La Tour-d'Aigues, Éditions de l'Aube, 2000.

Dictionnaire du vote, dir. avec Dominique Reynié, Paris, PUF, 2001.

Le Désenchantement démocratique (dir.), La Tour-d'Aigues, Éditions de l'Aube, 2003.

Le Vote de tous les refus. Les élections présidentielle et législatives de 2002, dir. avec Colette Ysmal, Paris, Presses de Sciences Po, 2003.

Le Vote européen 2004-2005. De l'élargissement au référendum français (dir.), Paris, Presses de Sciences Po, 2005.

La Politique en France et en Europe, dir. avec Luc Rouban, Paris, Presses de Sciences Po, 2007.

Le Vote de rupture. Les élections présidentielle et législatives d'avril-juin 2007 (dir.), Paris, Presses de Sciences Po, 2008.

La Solitude de l'isoloir. Les vrais enjeux de 2012, dir. avec Luc Rouban, Paris, Autrement, 2011.

Le Choix de Marianne. Pourquoi, pour qui votons-nous ?, Paris, Fayard, 2012.

La Décision électorale en 2012 (dir.), Paris, Armand Colin, 2013.

Le Vote normal. Les élections présidentielle et législatives d'avril-mai-juin 2012 (dir.), Paris, Presses de Sciences Po, 2013.

Photocomposition Nord Compo
Villeneuve-d'Ascq

Achevé d'imprimer
par Dupli-Print à Domont (95)
en avril 2015

PAPIER À BASE DE FIBRES CERTIFIÉES

Fayard s'engage pour l'environnement en réduisant l'empreinte carbone de ses livres. Celle de cet exemplaire est de :
1,100 kg éq. CO_2
Rendez-vous sur
www.fayard-durable.fr

36.57.4690.8/02
N° d'impression : 2015042213
Imprimé en France

Pour l'éditeur, le principe est d'utiliser des papiers composés de fibres naturelles, renouvelables, recyclables et fabriquées à partir de bois issu de forêts qui adoptent un système d'aménagement durable.
En outre, l'éditeur attend de ses fournisseurs de papier qu'ils s'inscrivent dans une démarche de certification environnementale reconnue.